華志文化

華志文化

華志文化

中華傳統文化價值觀
鍾博士談

優秀需從傳統文化教育起！二十一世紀的教育新守則，為人父母必備的學習寶典。

鍾茂森、趙良玉 ◆著

國家將興，必有禎祥；世界和諧，我之責任。值此勝緣，基於一份社會的責任，一位慈母的大愛，趙良玉女士為我們講述中國傳統文化與價值觀的重要性，把鍾茂森博士在傳統文化家庭教育下的成長歷程真誠奉獻給大家。

鍾茂森教授簡介

　　鍾茂森教授，1973年出生於中國廣州。1995年畢業於中國廣州中山大學，獲經濟學學士學位；1997年獲美國路易士安那州理工大學工商管理碩士學位；1999年獲該校金融博士學位。先後在美國德州大學及肯薩斯州州立大學任教四年；2003年移居澳洲，在澳洲著名的昆士蘭大學商學院任教四年，擔任副教授、博士生導師，並獲得該校終身聘用。昆士蘭大學原定於2007年提拔他為教授，而且多家大學曾高薪聘請他擔任首席教授，但是，他淡泊名利，立志走上聖賢教學之路，所以均婉言謝絕。

　　鍾茂森教授曾在世界知名的金融經濟學刊物上發表了20多篇論文，在國際學術會議，包括美國金融年會（AFA），金融管理年會（FMA）上發表了40次論文演講；2004年按學術領域發表核心期刊論文數目被評為澳洲、紐西蘭地區所有高等院校金融研究領域中高產學者第四名，成為學術界的年輕新秀；多次獲世界金融學術會議最佳論文獎，和昆士蘭大學優秀科研獎，兩次承擔澳洲科研委員會（ARC）國家專案的研究工作。現兼任中國廣州中山大學客座教授，安徽大學客座教授，臺灣成功大學客座教授，美國加州州立大學研究員。

　　鍾茂森教授跟隨推行中華傳統聖賢教育的高僧淨空老法師學習多年，擔任老法師在國際和平與教育活動中的英語翻譯和助理。曾應邀多次參加聯合國教科文組織在澳大利亞阿德萊德、布

裡斯班、法國巴黎，印尼等地的關於教育與和平的國際會議，介紹和推動中華傳統聖賢教育，並在世界各地演講《明道德知榮辱》、《幸福成功的根基》、《青年應有的美德》、《和諧之道以孝貫通》、《百善孝為先》、《因果輪迴的科學證明》、《為什麼要學習因果教育》、《母慈子孝——三十年家庭教育心得報告》等近百場，推動傳統文化道德教育，受到熱烈歡迎，有的演講聽眾人數高達三四千人。曾應邀參加中國2006年首屆世界佛教論壇，2007年國際道德經論壇和國際儒聯會議，並在會議上演講。

鍾茂森教授十多年來一直致力於學習和實踐中華傳統儒釋道的聖賢教育。有感於當今世界亟需傳統聖賢教育，以淨化人心、和諧世界，決定捨棄金融學術領域的成就和追求，毅然辭去昆士蘭大學終身教授工作，從2007年起，全身心跟隨淨空老法師學習聖賢教育，每天在老法師會下學《華嚴經》，同時在攝影棚內講解儒、釋、道三家的經典《弟子規》、《太上感應篇》、《十善業道經》、《了凡四訓》、《俞淨意公遇灶神記》、《地藏菩薩本願經》及其綸貫、《中峰三時繫念全集》、《文昌帝君陰騭文》研習報告、《佛說阿彌陀經》、《佛法修學綱領——三十七道品》研習報告、《朱子治家格言》、《孝經》研習報告、《大學》研習報告、《論語》研習報告、《一函遍覆——印光大師開示》、《勸發菩提心文》、《華嚴科學宇宙觀淺探》等等，透過澳洲淨宗學院的遠端教學網路向全世界播放。老法師對他的習講，冠以的總標題是「純淨純善和諧世界」系列講座。鍾茂森教授現任澳大利亞淨宗學院副院長和香港佛陀教育協會董事。

推薦序

至要莫若教子

　　《禮記・學記》云：「建國君民，教學為先。」自古以來，我們的祖先都在諄諄告誡教育的重要，而對於一個家庭來說更是「至要莫若教子」。

　　近年來，我們欣喜地看到，海內外掀起了復興傳統文化的熱潮，中華優秀傳統文化越來越成為家國天下和諧幸福的法寶良箴，有識之士尋求教育方略的眼光也都逐漸回歸中華先祖五千年之浩瀚文明。

　　國家將興，必有禎祥；世界和諧，我之責任。值此勝緣，基於一份社會的責任，一位慈母的大愛，趙良玉女士為我們講述中國傳統文化與價值觀的重要性，把鍾茂森博士在傳統文化家庭教育下的成長歷程真誠奉獻給大家。

　　在2006年夏，趙女士和鍾博士母子曾應邀到黑龍江省大慶市演講，其間反應熱烈，大會的編導人員把它錄製成了光碟，並在網上廣為流傳；2007年趙女士和鍾博士母子又應邀在香港進行七個小時的演講，大眾反響更為熱烈。

　　2010年夏，在雲南省昆明和大理兩地演講，受到熱烈歡迎；2011年三月在河南省新鄭論壇的演講被譽為「聖母的經驗分

享」；被電視台、多個公司、傳統文化論壇邀請分享傳統家教的經驗。

從趙女士的分享中，我們感受到鍾博士並非自幼聰明睿智，而今其道德學問深受海內外同仁大眾之敬仰，究其根本，緣自慈母點點滴滴的教化，所謂「閨闈乃聖賢所出之地，母教為天下太平之源」。

教子之方　身教則從

鍾博士美國留學一年後回鄉探親，作為母親，趙女士為兒子歸來特意剪髮，讓兒子看到了一個容光煥發的形象，意在使在外的兒子少些牽掛，將來更安心學業。

學金融的兒子，本該歸國前剪頭髮，但是計算國內外差價後，覺得回國剪髮比較節省，由於頭髮很長，加之途中幾經轉機，一路風塵，示母以不佳形象。

母親看到兒子風塵僕僕的樣子，又離別經年，當然不忍嗔怪兒子因何這般模樣，但是母親神清氣爽迎接兒子的容貌，即是最好的教育，再有慈母一句：「聽說你回來，我特意去剪了頭髮……」

這件生活小事，博士多次講到，謂自己對母親愛敬不夠，每每慚愧淚濕，並發願自此一定善體親心，絕不能給父母不佳的形象，要回報父母以至誠恭敬！

聽者每每感佩博士修身責己之深切，講學利眾之至誠無隱，愛親敬親之細緻入微，而無不為之動容。

每一個孩子都帶有生命的痕跡，或者外貌，或者精神，或者神形兼備。今讀趙女士心得，始知鍾博士之今日，乃慈母智慧之光、生命之光、教育之光。

教育無小事，而真正的教育是生活的教育，會自然融化在孩子的生命中。

父母做了多少，為人子女的何時能夠與父母同心同體？天下有多少兒女對父母的恩德，常常報之以「心不在焉，視而不見，聽而不聞」？親恩之浩蕩，不一定是驚天動地的偉大，恰是這「潤物無聲」的細節。父母是我們一生讀之不盡的經典，他們不經意的言語、行為，往往能讓兒女領悟人生真諦。我們粗糙的心是那麼膚淺，如何變得細膩些、深邃些？誠願常常提起博士與母親的生活應對，並以之為範，讓我們在天倫中，在生活的細節中，發現與捕捉到生活中人倫至性的美。

教育無處不在，尤其這些自然流露的言語、行為的教化，往往更加感人至深，讓人一生回味、受益，由此，我們對趙女士母子充滿敬意。

家庭善教　母教最要

每到逢年過節、老人生日，即舉行家庭聚會，晚輩給老人紅包、跪拜，第三代孩子要寫詞讀詩、表演節目。

三代同樂享天倫，這樣的家庭生活氛圍，是真正的傳統文化，是傳家有道。往往在悅老、敬老中，孩子們的孝心會逐漸養成。而這樣的聚會，組織者一般都是趙女士，這自然為兒子鍾博士提供了一方精神的沃土，孝親之樹自幼即扎下深根。

家庭文化箱裡，一張張照片、一份份文稿，都是一段段的回憶，都是家族留下的歲月痕跡，那歷歷往事，家庭的變遷，育子的艱辛，母女、母子相依為命的日子，一代一代相攜走過，皆是無盡的人生回味……每一份文字，都是那樣彌足珍貴，並時時給人以溫馨，因為那蘊含著一個女兒、一位母親，我們尊敬的趙女

士拳拳地、眷眷地深切用心，那是源自一份對生命的尊重，相信趙女士的生命之河亦必東流到海，永不止息⋯⋯

這樣的家道，這樣的母親，兒子鍾博士才得以孝親有志，勉勵勤學，嚴守「七不」清淨戒律於學業、事業，而今又能夠專精於道業。

《大學》云：「知止而後有定，定而後能靜，靜而後能安，安而後能慮，慮而後能得。」海外十幾年，一直在為國爭光：在美國奮鬥，使中國青年的愛心之血流在美國同胞的血液裡；留學期間，舉辦八次座談分享孝道，使同學感念親恩；留學四年有八篇優秀論文發表，達到美國當時資深教授的水準；被嚴格的知名教授譽為幾十年來最優秀的學生；七年碩士與博士學業四年完成，成為所在學院第一人；第一個月薪資捐給美國大學作基金；在澳大利亞成為學術論文最多、破格提升的最年輕的終生教授、博士生導師⋯⋯凡此種種，皆因有孝德的根基。念念把祖先、父母放在心中，怎麼敢不修德敬業？

鍾博士是傳統家庭教育的碩果，我們不能不感佩「家庭之善教，母教最要」。

精神之園　碧樹參天

本書的主要內容，是趙女士以及鍾博士兩人多年來對中國傳統文化與價值觀的體悟，以及母子之間幾十年來的卡片信函，讓我們有幸感受了幾代人的溫情、鍾博士的孝心與趙女士的教養智慧。

書稿幾乎紀錄了趙女士的兒子鍾博士走過的每一個人生的重要階段，一份書稿，一份人生記憶，每讀一次，都是一次生命的啟迪，因為文字背後的一段段人生風景，無不蘊涵著趙女士之聖

母懿德，乃至家族的幾代風範，誠願趙女士以及鍾氏家族，隨鍾博士此世志在聖賢之行誼而流芳千古。

趙女士自幼亦得益於家道傳承，是聖賢風範支持她走過了十年浩劫，也支持了兒子鍾博士把孝心、敬心獻給父母、師長，把愛心獻給大眾，定心、守戒，完成了學業、事業，如今正繼續著聖賢之道業。

趙女士與鍾博士母子「孝」的生命體驗，已經為我們證得，「建國君民，教學為先」，教孝為先；更證得「夫孝，德之本也，教之所由生也」，人生如果有成功的捷徑可走，唯行孝至德證道。

毋庸置疑，晚輩是望著父母、師長的背影成長的，父母、師長的學養修為到哪裡，就會把孩子、學生帶到哪裡。能夠為十九歲的兒子規劃人生到五十五歲，慈母的精神之園也一定是碧樹參天，而這種堅毅的力量，也隨生命之始深植於兒子的心田。

趙女士志言：「能孝敬自己的父母，是小孝；能孝敬天下的父母，全心全意為人民服務，是大孝；能成就聖賢、普利眾生，使千秋萬代的人獲益無窮，是至孝。我支持兒子走上大孝，奔向至孝！」

傳統文化　歷久彌新

黃帝文化是中華民族的核心文化，在中華民族悠久的歷史長河中具有不可替代的凝聚作用；黃帝故里是中華民族的精神聖地，是海內外炎黃子孫魂牽夢縈的心靈家園。

黃帝故里拜祖大典，已經由區域性的紀念活動，發展成為海內外炎黃子孫尋根交流的平台，在世界各地的華人中具有強大的影響力和感召力。

每年農曆三月初三舉行的祭祖大典已經成為海內外華人的共同盛會，成為增強民族凝聚力的重要載體。今年的祭祖大典由中華民國台灣同胞聯誼會會長梁國揚擔任主司儀，祭祖文由中華炎黃文化研究會會長、第十屆全國人大常委會副委員長許嘉璐親自定稿並恭讀，著名歌唱家殷秀梅在專題文藝晚會領唱，這確實是炎黃子孫的一場精神盛典。

黃帝文化國際論壇旨在打造「中華第一論壇」，自2007年舉辦以來，已成為黃帝故里祭祖大典的主題活動之一，被譽為祭祖大典的靈魂工程。此論壇已經在海內外產生了重大影響，不僅受到全球華人越來越廣泛的關注，而且被評為「2010年度中國十大影響力會議」、「全國最受關注的節慶論壇」。

第五屆黃帝文化國際論壇，由政協河南省委員會、中華炎黃文化研究會、中國中外名人文化研究會、鄭州市人民政府主辦，新鄭市人民政府、河南省黃帝故里文化研究會承辦，以及一些熱愛傳統文化的河南愛心企業協辦，2011年4月3日下午在鄭州西亞斯國際學院勝利開壇。

本屆論壇由央視著名策劃人朱海先生擔任總策劃，北京衛視著名主持人徐春妮擔任主持，新鄭市人大常委會主任、河南省黃帝故里文化研究會會長高林華擔任論壇主席。本次論壇圍繞「黃帝文化與當代中國人價值觀」這一主題，一如既往的注重文化傳承，而且更加注重時代特色和國際品位，在關注文化傳承的同時，對現代文明進行了解讀。

著名國學大師傅佩榮，澳大利亞昆士蘭大學商學院副教授、美國加州州立大學研究員鍾茂森，2008年北京奧運會開幕式副總導演、閉幕式執行總導演陳維亞，上海世博會開閉幕式總導演、上海文廣新聞傳媒集團副總裁滕俊傑等名流薈萃，圍繞「黃帝文化與當代中國人價值觀」的主題，從不同領域、不同學科、不同

角度著重闡述中華民族源遠流長、博大精深的優秀傳統文化，特別是中華民族的核心文化——黃帝文化，解讀在金融危機之後世界經濟逐漸復甦的大背景下，傳承黃帝文化、凝聚民族精神、促進社會和諧、致力經濟復興的重要意義。

隆重的開幕儀式之後，台灣大學教授、國學大師傅佩榮，中國人民大學教授、博士生導師顧海兵，澳大利亞昆士蘭大學商學院副教授、美國加州州立大學研究員鍾茂森博士相繼進行了演講。

鍾茂森博士，這位中國傳統家道下成長起來的現代學子，畢業於中國廣州中山大學金融系，二十二歲到美國留學，二十六歲取得金融博士學位，登上美國大學講堂教授金融，三十二歲又成為澳洲昆士蘭大學的終生教授，一路走來，所學、所教的都沒有離開金融專業；從留學生時代就能夠發表美國資深教授水準的論文，曾在世界知名的金融商業學術刊物上發表過二十篇論文著作，在國際學術會議（包括美國金融年會AFA、金融管理年會FMA）上發表了近四十次論文演講。

但是2006年底他把工作辭掉了，從金融教學領域退下來了。他覺得世界上更需要的並不是金融教授，而是中華傳統文化的傳播者，作為一個炎黃子孫，他要為傳統文化的弘揚和傳播出一點綿力。現在他專門教授傳統文化經典。

有人曾經問：「為什麼你金融課都不講了，現在講傳統文化？」

鍾博士回答得意味深長：「我現在也是講金融，我是講傳統文化中的金融之本，德為財富之本。所以我還是講金融，以前是講金融之末，現在講金融之本！」

他曾經在世界金融雜誌、全國傳統文化論壇上，解讀過金融危機的真正原因；現在又在金融危機之後，世界經濟逐漸復甦的

大背景下為我們來解讀文化與現代價值觀。

接到參加第五屆黃帝論壇的邀請，鍾博士以其嚴謹的治學風範，幾十年來涵養的道德學問，把研討黃帝的文化、中國人的價值觀，當作自己的一個使命，同時也是深入和學習中華傳統文化的一個契機。所以他為大家分享和演講的主題是「歷久彌新的中華傳統價值觀」。

他此次演講是給大家一個深層次的文化思考，導引聽眾回歸性德，讓大家能夠在人性上去回歸，並且一語中的、深刻地闡明：中華傳統價值觀的宗旨，不是向外面去追求什麼，而是回歸到我們自己的本性上，因為本性當中即具備了一切。

鍾博士在演講中把中華民族由黃帝乃至黃帝以前的聖人留給我們的無上的文化瑰寶──中華傳統價值觀，言簡意賅的概括為十二個字：孝、悌、忠、信、仁、義、禮、智、誠、敬、謙、和。這也是他自己身體力行、知行合一的心得報告，是他從孝道、師道延伸開來的真正的中國精神。

幾年來，鍾博士遵從母親、恩師的教誨，全身心的投入到中華文化學習和弘揚中去，已經用國語和粵語講解了聖賢經典三十多種，據不完全統計總時長達到二千多個小時，已經成書出版發行的經典研習報告以及演講輯錄有《弟子規》、《朱子治家格言》、《太上感應篇》、《十善業道經》、《孝經》、《了凡四訓》、《大學》、《論語》、《女論語》、《找尋中國精神》、《中國精神》、《母慈子孝》等十多部，他的演講和書籍，得到海內外諸位志士仁人以及愛好傳統文化的朋友廣泛推重。

正如北京衛視著名主持人徐春妮女士開場所說：「鍾博士雖然是從國外歸來，但是我們從穿著上就可以看到他穿得比本土還本土。」其實，從鍾博士點點滴滴的言行中，都有發自內心的「本土」氣息、真性德的流露，所謂「修德有功，性德方顯」。

講座結束後，主持人感恩鍾博士為大家帶來了一場心靈的對話；她說聽完這個演講，她相信很多的朋友可能會和她一樣，都會在心靈上受到衝擊。她真誠告白：「在後台的時候，聽到鍾博士在講『做十件讓母親高興的事』，聽的同時我也在自省，我做到了嗎？……我只做到其中的一半，很多朋友可能跟我一樣，……我們還有自省的機會。」

　　最後徐春妮女士總結：「鍾博士告訴我們十二個字的價值觀（孝、悌、忠、信、仁、義、禮、智、誠、敬、謙、和），想到「知識裡的知識」，聽完鍾博士的演講以後，我想很簡單，鍾博士寫過《弟子規研習報告》，有餘力的時候學文，文就是知識，我想鍾博士在之前說的十二個字（孝、悌、忠、信、仁、義、禮、智、誠、敬、謙、和），我想就是知識裡的知識，這就是我的解讀。」

　　短短一個多小時的演講，主持人就可以把心靈剖白得如此真誠，把文化、知識解讀得這麼徹底，如果大家有機會多聽聽傳統文化的課程，多多深入中華文化的各種優秀典籍，當是與聖賢同在，與中華先祖同在，與中國精神同在，一滴水唯有融入海洋才不容易枯竭，如果儘早徜徉在中華傳統文化智慧的海洋中，我們一定會更深刻的體驗到歷久彌新的中華傳統價值觀，讓中華文化滋潤到世界寰宇的每一個角落，真正實現「為生民立命，為天地立心，為往聖繼絕學，為萬世開太平」

落落數言　志在聖賢

　　最後，趙女士殷殷告誡天下父母三句話：

　　第一句：我們堅信優秀是教出來的，而父母永遠是孩子的第

一教師。

第二句：我們牢記要從中華傳統文化教育中吸取精華，要從《弟子規》做起。

第三句：我們期盼天下的父母都能為和諧世界培養更多的大孝至孝的兒女。

感恩趙良玉女士——鍾媽媽，感恩她幾十年來為社會教養了孝親、尊師、老實受教的兒子鍾博士，我們感恩她們此生母慈子孝的真誠演繹！

在此，也對成就本書的一切人、事、物，至誠感恩。本書難免有疏漏、不足之處，誠望志士仁人多多參與指教，感恩不盡。

同時，本書也附上了鍾茂森博士2010年講於北京大學的《振興企業的中國精神》和2011年講於烏魯木齊的《百善孝為先》兩篇演講。

目 錄
Contents

鍾博士談：中華傳統文化價值觀

上篇·

歷久彌新的
中華傳統價值觀

一、歷久彌新的中華傳統價值觀——
第五屆黃帝文化國際論壇講演實錄

鍾博士談：中華傳統文化價值觀

　　我站在此地的講壇覺得非常的榮幸，心情也非常的激動。因為此地就是中華民族文化興起的地方，我們今天能夠一起在黃帝腳下研討黃帝的文化、中國人的價值觀，我自己感覺到這是一個使命，同時也是需要我們深入和學習中華傳統文化的一個契機。

　　所以今天我為大家分享和報告的主題叫作「歷久彌新的中華傳統價值觀」，讓大家能夠在人性上去回歸。實際上中華傳統價值觀的宗旨，不是向外面去追求什麼，而是回歸到我們自己的本性上，因為本性當中什麼都具有。

　　我們在向外追求的時候，往往就會迷失了本性，而產生很多不愉快，甚至很多的衝突、矛盾、很多的災難。正是古人所說的「天下本無事，庸人自擾之」。

　　這次我的演講分為三個專題：

　　首先要說的是，自人類進入二十一世紀以來，我們到底是在不斷的進步中得到了快樂呢？還是在太過快速的發展中面臨著更多的危機？

　　從2001年，二十一世紀的第一年開始，到今年2011年，整整11年了。那麼我們簡單回顧一下，每一年差不多都有天災人禍。2001年美國的911事件，標誌著人類社會進入了一個更加動盪的時代。

接著，美國2003年與伊拉克間的戰爭到去年才結束。而自今年3月份事起，隔不到一年時間，又開始了利比亞的戰爭。而2008年底開始到現在的全球金融危機，直到現在我們仍然感受得到它的影響。

剛才講人禍，現在講天災（觀看PPT），2004年12月印尼的大海嘯；2008年5月中國汶川大地震；2010年1月海地的大地震，有三十多萬人死去；2010年3月冰島火山大爆發；2010年4月的中國玉樹大地震；2010年8月中國舟山的泥石流；去年8月巴基斯坦的洪災，以及我們早已司空見慣，而且可以明顯看見它逐漸變得越來越嚴重的全球氣候危機，與瘟疫、糧食的危機。

就在上個月，日本發生了大地震和海嘯，日本福島更發生了嚴重的核洩漏事件。

且不說天災，我們只講人禍。2009年2月2日，溫家寶總理在英國劍橋大學演講的時候，他雖然不是專門學金融的專家，但是他卻一針見血的把金融危機的根源點了出來，比我這個做了金融研究十二年的人還要準確。他說：「道德缺失是導致這次金融危機的深層原因，一些人見利忘義損害了公眾利益，喪失了道德的底線」。

所以人類的危機，戰爭也好、金融危機也好，其實乃至很多的天災，比如氣候危機、糧食的減產，不就是人類因為貪欲而產生的道德缺失造成的嗎？

早在上個世紀七〇年代，英國著名歷史學家湯恩比博士就曾在他跟日本池田大作（被譽為日本當代孔子）間的一本對話錄中，說：「人類的力量已經影響到環境，甚至嚴重到人類甚至會自我滅亡的程度，這個情況似已確定無疑，如果人類為了滿足貪欲，而繼續使用這種力量，必將自取滅亡。」他又說：「科學不斷進步，會帶來怎樣的結果，若用倫理上善惡的概念，就是科學

會被善用還是惡用？科學所造成的惡果，不能用科學本身來根治。」我們馬上產生一個問題，到底用什麼來根治人類現在所面臨的危機問題。

1988年，西方七十五位諾貝爾獎獲得者在巴黎聚會，1970年諾貝爾物理學獎的獲得者漢內斯·阿爾文博士，他在其等離子物理學研究領域的輝煌生涯即將結束時，得出如下結論，他說：「人類要生存下去，就必須回到二十五個世紀以前去吸取孔子的智慧」。

一個西方的科學家得出這樣的結論，我們首先會問，孔子他是至聖先師，他所說的是什麼呢？你看《論語》當中，孔子自己說，他自己並沒有創造什麼，只是轉述古聖先賢的教誨。孔子說祖述堯舜，堯舜是古代的聖王，唐堯是黃帝的玄孫，虞舜是黃帝的八世孫，他們也像孔子一樣述而不作，他所轉述的也是黃帝的教誨。

所以我們中華文化以黃帝為人文始祖，但是我們要知道：不是黃帝創造了文化，而是黃帝發現了這個宇宙和人生的真相。

一個聖人之所以為聖人，不是因為他能夠創造些什麼，而是因為他能夠發現事實的真相，他能夠找回自己曾經迷失過的自性，這種人我們就說他是一個證悟的人，也就是聖人。真正回到自性上後，你將能夠無所不知，甚至無所不能。如果你要創作，實際上你什麼都得不到。你只要放下要去創作的心，你馬上就回到自己的心地——自性當中。

剛才傅佩榮老師已經點出這樣一種智慧的結論。所謂「道」，「道」是無所不在，可是我們為什麼沒有辦法見「道」呢？正是因為我們一直都在往外求，當我們把念頭放下的時候，你才能見道。所以為什麼說：「道可道，非常道」呢？確實，道不能用語言說明，甚至不能夠用思維去想像，因為那不是語言可以達到

的境界，更不是思維妄想而能夠接觸到的境界，你只有放下，「道」才會出現在你的面前。

堯、舜以及他們的始祖黃帝，都是這樣的過來人，孔子，也是過來人，所以他們都是聖賢，所傳承的都是聖賢的心法。

我們再看黃帝為什麼在證悟了心性之後又創造了這麼多文化？這就是我們講的隨緣了。人文始祖軒轅黃帝當時打敗蚩尤以後，人類開始安居下來，我們的華夏大地需要休養生息，黃帝於是教百姓播種五穀，興文字，作干支，製樂器，創醫學，這是中華文明隨著農耕興起的開端，人類開始過著群集生活，形成了家、形成了國，乃至形成了天下。

而我們覺得黃帝對人類一個很重大的貢獻，就在於他對婚姻文明的貢獻，他的正妃嫘祖，與他「八拜成婚」，形成男三十而婚，女二十而嫁的文明婚姻禮俗，他們提倡婚娶相媒，締結對偶婚姻。要知道天下這個世界與我們的社會都是由家庭組成的，而家庭當中最基礎、也是最重要的組成部分，就是夫婦。

所以治天下，首正人倫，而正人倫首正夫婦，黃帝和嫘祖，就在這個人倫教化上給我們人類帶來了一個新的里程碑。

從此中華文明的發展就圍繞著五倫關係而展開，古人有所謂「人無倫外之倫，學無倫外之學」，這個「倫」就是關係，關係有很多種，人與人之間的關係，人與大自然之間的關係，甚至人與天地，不同空間的、種種的這種境界、生命，我們怎麼跟它處理好關係？而黃帝的垂訓主要是圍繞著人與人之間的關係開始教化。

所以黃帝的文化（中華文化）是以人為本的文化，是建立在人倫教化基礎上的文化。但是我們要知道這個文化是通我們的心性，它是一種手段、一種門徑，是通往你證悟自己心性上的一個終點站。

《中庸》上說：「君子之道，造端乎夫婦，及其至也，察乎天地」。

夫婦是最近的一倫，一世之中彼此最親近的，教化之端必須從這裡開始。慢慢地，我們將從這種關係當中去體悟什麼是道？真正能夠契入境界的時候，我們實際上不僅能對一世、一家、一國、一天下能夠完全明瞭，甚至對整個宇宙都完全能夠明瞭。因為所謂的「道」就是這個宇宙的本體。見道的人就像禪宗講的明心見性的人。因此見了性之後，你在人類社會當中的所作所為一定是處處符合人類的倫理，你不可能逆著人類的倫理，如果你逆著人類的倫理，反推你肯定沒有見道。

然而，如果你能夠完全按照人類的倫理而行，也未必能夠見道，即你未必是見道的人。可是見道的人一定是能夠遵循五倫十義的人。

古人認為天下如果是大亂的時候，就必須要去教化，即所謂「六親不合，有孝慈了」，這是《道德經》講的，意思是孝慈本來不應該隨時掛在嘴邊、不應該說，為什麼？因為人本來就應該這樣生活。

可是現在社會出現了亂象，人不孝了，也不慈了，六親也不合了，這時候教育就開始出現，這個教育是應運而生的，是自然的反映。聖人在社會中留下來的教訓就像人叩鐘一樣，古時的鐘是空心的，我們叩它一下就會響一下，大叩則大鳴，小叩則小鳴，不叩則是空空如也，只是別人問的時候而叩其兩端。

這種種道理，實際上都是由他本性空的這種境界當中自然流露出來的。

所以對中華老祖宗的文化教育，我們要知道它不是黃帝自己創造的，也不是黃帝以前哪一位聖人創造的，更不是黃帝之後堯、舜、禹、文王、武王、周公、孔子、孟子創造的，他們只是

證悟了自己的心性，知道「道」的人，他們的教誨就是讓我們回歸到「道」，因為我們現在沒有見「性」，沒有見「道」，所以我們在力行他們教誨的時候，我們就逐漸見「道」了，等我們見「道」時，就不用聖人的教誨來教誨自己了，因為你的所作所為已和聖人的一樣。

基於這個理解，我們如何從博大精深的中華文化當中，找出有利於和諧社會、和諧世界的價值觀，這些價值觀都是應運而生，但確實也是聖人所述，它的作用就是幫助現代社會回歸到本來應有的和諧，和諧是本來就有的，只是現在偏離了本來面目，所以造成種種的不和諧，而現在我們就必須回歸它。那麼我做了一個簡單的歸納，實際上也是述而不作，自己哪敢創作，只是轉述聖人的教誨。

對中華文化可以說承前啟後、集大成者莫過於孔子，孔子之後有孟子。其實儒家、道家，還有諸子百家，都在不同程度上切入了聖人的境界。他們所說的都是符合事實真相的，我們因此可以做一個概括和總結，也就是以下十二個字：「孝、悌、忠、信、仁、義、禮、智、誠、敬、謙、和」，我這裡沒有談權說妙，我說的是腳踏實地。

這十二個字都是古聖先賢歸納總結出來的，前四個「孝悌忠信」，你看在被奉為中國的聖經的論語當中，它確實是孔老夫子的行為和寫照。孝和悌在《弟子規》上我們有看到，《論語》上面〈學而〉篇第六章，就有「弟子入則孝，出則悌；謹而信；汎愛眾，而親仁；行有餘力，則以學文」，這是修而力學的基礎。孔夫子也非常重視忠信，所謂毋友不如己者，過，則勿憚改。如果我們心裡有自私自利、有貪欲、有種種妄想，心就偏離了忠道，就不忠了，而由忠發出的言就是信。

在四書《大學》裡也有這樣的記載：「故君子有大道，必忠

信以得之，驕泰以失之」。

仁義禮智《孟子‧公孫丑》說道：「惻隱之心，仁之端也；羞惡之心，義之端也；辭讓之心，禮之端也；是非之心，智之端也。」無惻隱之心，非人也；無羞惡之心，非人也；無辭讓之心，非人也；無是非之心，非人也」，就好像我們的身體要有四肢才能運動，才能完成工作。如果我們想要得道，也必須具備仁義禮智這四體。

其實仁義禮智人皆有之，這是孟子講的非常清楚的，孟子也是過來人，他也證悟了心性，才能說出這樣的話。這是本性當中本有的「德」，而不是被人創造出來的。

為什麼我們現在失去了仁義禮智呢？是因為我們迷失了本性。孟子講了「惻隱之心，仁之端也」，看到一個小孩快要掉到井裡的時候，當下，你可能什麼也沒有想，就一個箭步過去把小孩救下來，不讓他掉到井裡，當你什麼都沒有思考的時候，自性就發揮作用了。而在你思考的時候，想著這個小孩是誰家的小孩？我要不要救他？當你有這些妄想的時候，正是把自己的自性給阻礙住，所以你的惻隱之心就被掩蓋了。所以聖人的教誨不是讓我們從外界得到什麼，而是要我們放下，放下不必要的妄想。

老子《道德經》上講：「為學日益，為道日損。損之又損，以至於無為，無為而無不為。」這個無為到底如何才能夠得到呢？不在於我們得到，因為它本來就存在我們的本性之中，當你學習的時候，譬如你去某個學院學習，你們是學知識，知識不等於智慧，甚至可能知識正是障礙智慧的阻礙，為什麼呢？因為你向外去貪求了，所以現在我們要放下，放下只是為「道」。今天有的，我們慢慢放下，這個有不是說物質上所有的，物質上並不妨礙，心上則不能有。比如說你家財萬貫，不是說把現在的家財萬貫都揮霍掉才是有為。有和沒有都是一樣。

到了無為的境界就是你不執著了，甚至不起心，不動念了，那時無為則無不為，你才能做到聖人的境界。要「修」，也就是先把我們在仁義禮智信上已有的這些障礙放下。

後面四個是誠敬謙和，這也是非常重要的一個價值觀。《中庸》上通篇講一個字——「誠」，誠者，物之終始，不誠無物，是故君子誠之為貴。什麼是誠？清朝曾國藩給「誠」字下的定義很精彩，說：「一念不生視為誠」，當你一個念頭都沒有的時候，就像現在，你自己回去馬上反觀你的內心，你的內心裡有沒有念頭？你現在有念頭，不誠。一念不生的時候，就是誠的境界。可是我們凡人很難做到，當你能夠做到的時候，你就不是凡人，是聖人。

誠者，物之終始。物，就是萬物，誠，原來物質都是從我們的心性中，我們所說的「道」那裡變現出來的。所以道是本體，你要見道就必須有誠，那就是不起心、不動念，如此一來，你就能知道這個宇宙是從哪來的，而又回歸到哪裡去。而物之終始，實際上是怎麼來的呢？

儒釋道三家對宇宙的生成、來去講的實際上都很清楚，可是我們未必能夠體會到。我們現在用量子物理學加上他們的說法來試著解釋，像著名的量子力學的奠基人普朗克博士說過這樣的一句話（他是德國人），他對量子幾十年的研究發現，這個世界上並沒有真正的物質存在，而所謂的「物質」究竟是什麼呢？我們知道物質由原子組成，原子裡面有原子核，外面環繞著電子，原子核裡面有夸克，中子、質子就是由夸克所組成。夸克是我們現在認定的基本粒子，再沒有比這個更小的了，然而，現在科學家卻發現還有比這個更小的，是什麼呢？現在的物理學有一個弦理論，認為基本的粒子夸克也好、電子也好，都是由琴弦這樣的振動產生的，實際上它已經不是物質，而是一種動態了，如果沒有

動態，不會產生基本粒子，也不會產生我們的宇宙萬物。

原來這宇宙萬物是由「動」產生的。而不動的時候，即是處在「誠」的狀態，你才能看到宇宙的生成和覆滅。那什麼在動呢？

普朗克先生說的很有趣，他說這個很可能就是人類意識的振動，我是廣州人，六祖慧能大師過去在廣州法性寺那裡說過一句話，慧能大師見到兩個法師在外面看到風吹帆動，一個人說這是風在動，另外一個人說這是帆在動，兩個人各持己見，結果六祖慧能大師告訴他：「不是風動，也不是帆動，人者心動，您的心在動。」這句話一語道破了量子力學在20世紀最偉大的一個發現，原來我們的宇宙怎麼來的？心動而來。你只要回歸到「誠」，你就能夠看到宇宙生滅，物質終始，所以「不誠無物，是故君子誠之為貴」，君子修的道算是這樣從「誠」下手。

內心有誠，外在行為自然有敬。子路問什麼是君子？孔老夫子說的好：「修己以敬」，子路聽了還不明白，還問這就夠了嗎？孔老夫子又講：「修己以安人」，自己修己以敬就能夠讓人家安了。

就像傅老師剛才講的安，怎麼安呢？你讓別人安，你去安慰別人不一定能夠讓別人安，你修己以敬就能夠安人了，子路還沒聽明白，就問這就夠了嗎？孔老夫子又說：「修己以安百姓」。

「修己以安百姓，堯舜以並終」。就是堯舜也沒有做到啊！換句話說就是這個境界是圓滿至聖的境界，他已經知道了整個宇宙是與自己在一起並存。除了自己以外，找不到宇宙任何一物了。所以他只是「修己以敬」，自己就能夠使天下安，不僅使天下人安，更使宇宙一切眾生得安。所以聖賢學問不就是求個「心安而已」。

孟子講的好：「學問之道無他，求其放心而已矣」。什麼叫

「無他」？

過去我們養雞的時候，把牠放到山上，晚上把牠抓回來，雞放出去得把牠抓回來。那麼心放出去了，為什麼不把它抓回來呢？心放到哪兒？放到外面種種聲色境界當中，迷了，以為這個世界真了。現在讓你回頭，從這個由於動而產生的幻景當中回頭，就像你做夢的時候從夢中覺悟，只有「修己以敬」你才能夠得安，心安眾生安。這是「修己以敬」。

之後是謙，謙是什麼？謙虛。《尚書》講：「謙受益，滿招損」，《易經》講六十四卦，唯「謙」卦六爻皆吉，本來山在地上，現在山跑到地底下了，就是不謙虛。為什麼要謙呢？老子講：「不敢為天下先」，為什麼呢？因為我們稍有一點傲慢時，你我對立的心就產生了，你把自己和這個世界分成對立的兩個事物了。一是你就見不著「真」了，二是才能見到「真」，所以放心了。所以守「謙」，不敢為天下先，這是聖人保持自己境界的一個好方法。

最後是「和」，「和」是跟天下和。孔子講：「君子和而不同，小人同而不和」。和諧不一定是要相同，比如我們桌上擺放的種種的花，這麼美，這花不是一種，花園中的百花都很美，構成一幅絢麗多彩的圖畫，正是因為它不同。如果你要同，這座花園裡面就一種花，恐怕也就不美了。像我們這個世界眾多的文化，不同的民族、不同的信仰、不同的生活方式、不同的文化，我們不必求其同。得到「和」就可以了。

如果求同，肯定不和了。我要你遵循我的價值觀，那怎麼能和呢？不和就會如何？打仗了，所以人類的戰爭就這麼來了。戰爭怎麼來的？先是心上有不和了，有對立了，發現對方跟自己不一樣，我就有這種控制的欲望，有這種征服的欲望，這是基於嚴重的人我對立、迷失宇宙真相的錯誤觀點基礎上造成的後果。所

以要「和」。

就像人體，我們所有的器官、所有的細胞在一起組成一個完整的人體，它們配合的十分和諧，它們相同嗎？眼睛長在頭上，用來看的，耳朵用來聽的，鼻子用來嗅的，嘴巴用來吃的，嘴用來講話的，五臟六腑皆有它自己的功能。你如果一味的求同，那不就亂套了嗎？我耳朵要吃飯，眼睛要聽，那人類就病倒了，所以不必求其同，只要求其和，這樣你才能夠認識到事實的真相。

所以概括起來就是中華傳統價值觀，中華民族由黃帝乃至黃帝以前的聖人留給我們的無上的文化瑰寶：孝、悌、忠、信、仁、義、禮、智、誠、敬、謙、和。這些價值觀不是某一個人創造的，而是我們的心性本來就是如此。你要是這樣去行，這樣去做，你將過著最幸福、最自在的生活。

那麼我們再詳細的開解一下中華傳統的價值觀，它是以道為體，以仁為衣，以孝為本，以聖為歸。

第一條以道為體，《禮記中庸》裡的前三句話就把宇宙真相全講清楚了。「天命之謂性，率性之謂道，修道之謂教」，什麼是天命？是沒有起心動念時的狀態，即本然、自然。命是什麼呢？起心動念後，就產生現象，就像量子力學家講的有動就有天地萬物出現了。天命之謂性，性就是本體，宇宙的本體是什麼？有一個不生不滅、不起心不動念的本體，再加上有這個動，念頭動，就產生了宇宙萬物。

那麼這種沒有妄想、沒有念頭的境界跟這個念頭融合在一起變成的宇宙的根源，聖人瞄準了這一點去切入這個境界後，現在要率性之謂道，要追求真相去生活，所以他的生活一定是自然而為，這叫作「率性之謂道」。修道之謂教，我們現在確實迷失了本性，要修道。聖人給我們的教誨，我們要學習，不學習還跟著自己的妄想執著來生活，那就會越迷越深，所以一定要透過學。

孔老夫子就是透過「好學」而成就的。

他曾經講過「十室之邑，必有忠信如丘者焉，不如丘之好學也。」十戶人家的小社區就能夠找到像孔子那樣的忠信之人，但是找不到像他這樣好學的，所以我們要想成為聖人，就必須修道之為教，也就是讓我們透過好學，學而知之，但不是到了知就可以不學了，知還得學。

仁義禮智是孟子講的，「仁義禮智，非由外鑠我也，我固有之也，弗思耳矣」。孔子講：「君子謀道而不謀食，君子憂道而不憂貧」，人這一生最可貴的是求道，不是求衣食飽暖，君子求的是道，所以貧賤的生活依然可以安貧樂道。

整個中華文化就是以這個「道」作為我們的體，這個體就是剛才講的不可說、不可思，也不可義，但是確實是我們宇宙生成的本源，你見到之後就是聖人，我們現在沒見到，要以人為依。所以夫子講：「志於道，據於德，依於仁，游於藝」。

「仁」是我們的心，所以不能起心動念。「仁」的說法《論語》當中有很多，仲弓問仁：「什麼是仁？」孔子說：「出門如見大賓，使民如承大祭，己所不欲，勿施於人」，你見每一個人都好像見到德高望重的長者一樣那麼尊敬他，心是平等的，平等的恭敬。

「使民如承大祭」，你要作為在上位者指示人民工作，你的下屬做事，也是要對他恭敬。「君待臣以禮，臣侍君以忠」，還有「己所不欲，勿施於人」。

樊遲問仁，孔子說：「愛人」，為什麼愛人呢？「仁」字一個人字旁，一個二，兩個人為一體叫作仁，這個字就顯示了宇宙的真相。整個宇宙就是一體，那麼你就不能說愛人如己了。

愛人就是愛己，為什麼？人就是己，己就是人，人己無二，人己一體。我們真到這個境界，你可以像孔老夫子講的「殺身以

成仁。」看到人民受苦的時候，能夠不顧一切、奮勇向前去幫助他，這就是人性的作用，就是因為人們迷失自己太久了，產生嚴重的自私自利，而損人利己。其實損人絕對不會利己，損人只會害己，為什麼呢？因為人就是己，就像人體一樣，我不要這隻腳，這隻腳不是我的，我把它割掉了，卻不知道割了只會使自己受害。我們現在只是把這個身體當成自己，而不知道天下蒼生全是一個自己，就好像我們不知道我們的身體所有的細胞都是自己，而只知道這一個細胞是自己。因此，「我」就跟所有其他細胞都對立起來，這叫作愚癡顛倒。

下面說以孝為本，仁講的是一個心法，但是如何落實？我們要講究落實，聖賢文化不是說說而已，最重要的是腳踏實地去做。中華文化裡最重視的是孝道，《孝經》上孔老夫子講：「夫孝，德之本也，教之所由生也」，你能夠行孝的話，這就是道德的根本，一切聖賢教育從這裡產生，如果離開了孝道，你再去談什麼傳統文化，那都是不著根本的，為什麼？以孝為本。

就好像一棵樹，它有生根才能夠有繁茂的枝葉花果，如果不要根了，就像瓶子裡的花，用水養著，它也不會長久，再好看也遲早會枯萎。「根」我們看不到，但是它很重要。

有子說：「君子務本，本立而道生。孝悌也者，其為仁之本與」，我們行孝悌，本身是不是人呢？未必，這是為人，就是你再做，你在人性這個方向，還未必到達這個境界，但是孝悌可以幫助你到達這個境界，所以你回家孝順父母，友愛兄弟，這叫作「為人」，中華文化不是用來說的，要用來做。

那麼你就真正達到仁的境界，成為聖人了，你一定是個具有孝悌美德的人，這是你性格自然流露出來的。所以在孔老夫子寫的《孝經》中，夫子講：「吾志在春秋，行在孝經」，《孝經》是孔老夫子的行門，用來做什麼？修身、齊家、治國、平天下，

這是古代先王和諧世界的法寶。

《孝經》上就講：「先王有至德要道，以順天下，民用和睦，上下無怨」。兩千五百年之前，孔老夫子就已經提出來了，這就是古聖先王已經在實踐了。

怎麼去做？就是一個孝，孝治天下，所以「聖人之教不肅而成，其政不嚴而治，其所因者本也」，這個「本」是根本，「依」是依靠，我們為什麼能夠和諧社會、和諧世界？因為我們能夠依靠這個人性的根本，人性也是符合「道」，因為「道」無所不在，你不能說人性不是「道」。你能夠不用依靠法律也能夠達到仁，所以和諧世界要從自我行孝做起。

怎麼行孝呢？我想在底下跟大家分享一下我自己的一點小小體會。

第一個講事親，《孝經》上說：「夫孝，始於事親」。事親有五個方面，「孝子之事親也，居則致其敬，養則致其樂，病則致其憂，喪則致其哀，祭則致其嚴」。

先講一下「居則致其敬」。我從小受到我母親傳統文化方面的薰陶，所以在孝上一直在學習，後來我到美國讀書留學，當時因為我母親跟我父親早年離異了，我自己又是獨生子，對母親當然依依不捨，可是母親為了成全我的前途，希望我到美國去攻讀碩士、博士。

當時在美國生活費不多，生活也比較清儉，我每週搭同學的便車去超市買菜，通常都是挑最便宜的菜，像胡蘿蔔、高麗菜，每餐都吃胡蘿蔔加高麗菜，或者高麗菜加胡蘿蔔。

有一位學長畢業時留下來一個高壓鍋，因為它的高壓閥已經壞了，我卻用它煮飯、煮湯用了四年。當時我在路易西安那州讀書，那時天已經很冷，當時不捨得買棉被，從家中帶來的毛毯不夠，冬天就把所有的衣服蓋上，甚至把書本都壓上去，當時每天

的學習都是從早到晚，從教室、到宿舍、到圖書館是三點一線，所以當時自己雖然一個禮拜週休兩天，但是我是七天的工作日。很多人都跟我說：「你呀，怎麼只會讀書？」實際上我自己的快樂，是每一個禮拜給我的母親還有我的父親寫家信。

我想在這裡分享一段，在1996年1月7日，我第一次在美國過的冬天，給我母親寫的一封家信。

冬天的路易西安那州挺冷，我們這兒晚上一般都在零度以下，有一天早上起床，竟發現天上飄落許多雪花……目前是最冷的時候，我若可以挺過來，便可省些錢，無須買棉被了，儘管冷，我仍然保持每週兩次的冷水浴，在冷水浴時，我可以鍛鍊自己。

我目前的學習生活都較單調，每日穿同樣的衣服，吃同樣的菜飯，走同樣的路，讀同樣的書。我盡量讓自己在單調中求單調，使躁動的心熄滅。我每日早、晚警示自己安於單調的生活，做至少七年的「機器人」，直至獲得博士學位為止，因為我深深懂得：我來美國不是享受的，而是在欠著父母的恩德，花著父母的血汗錢，不努力讀書，天理難容。

所以我突然很喜歡寒冷的冬夜，因為在冬夜裡我才能體會「頭懸樑，錐刺骨」的精神，才能享受范仲淹斷齏畫粥的情景。

這個星期五晚上，下了一場凍雨，格外的冷，然而我的進取心卻比任何時候都強，我要以優秀的成績供養父母，媽媽請您放心，您的兒子向您保證，向您發誓，我一定會孝順你，把孝順放在第一位，把事業放在第二位。

當我的母親接到這樣一封來信，大家猜猜她是什麼樣的反應？會不會說這孩子沒錢、沒棉被了，給他寄點錢吧？沒有，她

給我的回信是這樣的：

寒冷能使人如此理智和堅強，感謝路易西安那州的冬天！感謝清苦、無欲的生活！它使人恢復性德之光！人的本性裡什麼都具有，只是人們長久以來迷失了，被貪、嗔、癡的塵土封蓋了，使其不能顯露。那麼用什麼方法才能開啟人性的寶藏呢？用「孝」，這是第一把鑰匙。孝養父母，擴而大之，孝養一切眾生。茂森，你先做一個榜樣，給青年們看看。

這是我母親的聲音，在母親的鼓勵下，我對自己嚴格的要求，所以只用四年就完成了本該七年才能完成的學業，取得了碩士和博士學位。在我的博士班導師給我寫的推薦函中，他說：「茂森，是我二十五年來學術生涯中所見到的最優秀的學生」。

因為時間的關係，我想以下事親的部分稍微略講。第二個是「養則致其樂」，讓父母感到快樂歡欣。

母親幫我總結了我從小到大做的十件令她感到喜悅的事：

1、小學四年級時，能主動獨立做好一桌飯菜，讓父母下班享用。

2、能以健康的身體、品學兼優的成績完成小學、中學、大學、碩士、博士全部課程，在二十六歲時，讓母親成為博士媽媽。

3、在整個讀書過程，特別是赴美留學期間，能遵照母親的要求，不談戀愛，不結婚，專心致志求學。

4、以刻苦的求學精神，和儉樸的留學生活，用四年時間完成碩士、博士全部課程而贏得美國著名教授的稱讚，

「二十五年學術生涯中最優秀的學生」，為中國人爭光。

5、在留學期間，能以勤工儉學的收入與節省使用獎學金的錢，每月孝敬父母，工作以後以薪資每月供養父母及鄉下的爺爺奶奶。

6、不吝於表現對母親的感恩與感謝，寫下許許多多的信件、賀卡、詩詞，讓母親開心，讓親友們感動。

7、以優秀的學習成績和多次獲獎的論文，而成為年輕的教授，兒子實現了我要當教授母親的願望。

8、為外祖母送終守夜，為鍾氏家族修祖墳，為爺爺奶奶在廣州市內買房子，使二老頤養天年，敬老、悅老，令母親開心。

9、在大學任教的業餘時間，注意修養品德，弘揚聖賢教育，在世界各地演講《明道德知榮辱》、《幸福成功的根基》、《青年人應有的美德》等專題報導，把孝心、愛心奉獻給社會。

10、立志為往聖繼絕學，為天下開太平，為和諧世界做更積極的貢獻，而辭職拜師，全身心投入學習和弘揚聖賢教育的工作。

事親還有「病則致其憂，喪則致其哀，祭則致其嚴」的要點。教我們對父母在不同的時期，生病的時候、臨終的時候，以及在去世以後還要保持我們的孝心，像現在祭黃帝一樣，這是我們的始祖，如果沒有黃帝，也不會有我們的今天。曾子講：「慎終追遠，民德歸厚矣」，孔子說：「祭如在，祭神如神在」，後天就是我們祭祀黃帝的時候。

第二個講侍君，古人講的「君」，事實上代表的是國家，用我們現在的話講，就是服務國家和人民。我自己在工作期間，利

用假期常常在國內，為各個大學和社區義務演講一些傳統文化的專題。2006年時，甚至把自己終生教授的工作都辭掉了，現在是義務的來弘揚我們中華文化，至今講時超過二千小時。

「孝」做到了極致，就是所謂的「立身行道，揚名於後世，以顯父母。」當我的母親得到我被提拔成終生副教授這樣一個喜訊的時候，她跟我講：「能孝敬自己的父母是小孝，能孝敬天下的父母，全心全意為人民服務是大孝，能成就聖賢，普利眾生，使千秋萬代人獲利無窮，是至孝，我支持兒子走向大孝，奔向至孝。」

在此我想用曾子在《論語》當中說過的一句話做一個總結：「士不可以不弘毅，任重而道遠。仁以為己任，不亦重乎？死而後已，不亦遠乎？」

我們的傳統文化，是以聖為歸，聖人每個人都可以做，孟子曰：「人皆可以為堯舜」。

《弟子規》上最後告訴我們：「勿自暴，勿自棄，聖與賢，可馴致。」只要你不斷的修正自己，把毛病習氣放下，把自私自利放下，把貪欲放下，其實聖人的境界不就在眼前了嘛？

因為時間的關係，我用三句話概括我的發言：

中華傳統價值觀能從根本上幫助解決人類社會的危機，和諧天下。

中國傳統價值觀，有十二個字：孝、悌、忠、信、仁、義、禮、智、誠、敬、謙、和。它以「道」為體，依於「仁」，本於「孝」，歸於「聖」。因此要落實和推廣價值觀必須先以修身為本，從自己開始做起，而以教學為先，不斷的推動教育，而且要提倡禮治。禮治其實比法治要更符合人性，不是說我們不要法律，但是用禮，能夠讓人恥於做惡。孔子在《論語》當中有這樣一段論述，這裡就不多談了。

禮制，一般人與人之間的禮，需要一個很好的規範，需要符合人性的這一套規範，比如說，婚禮、祭禮、喪禮，每個朝代的興起都需要制禮作樂，才能進入治世，如果沒有制禮作樂，孔子說這是亂世，所以我們需要回歸制禮，需要有人倫和諧關係的禮儀，今天的發言到此為止，謝謝大家。

二、振興企業的中國精神

　　如果要非常簡練的總結中國精神，可以用一個字來概括，那就是孝，今天我給大家講三個小時的專題也就是這個字的演繹。明天是母親節，在兩年前，母親節過後的第二天，中國西南的四川汶川發生了一場慘絕人寰的大地震，這場災難也震撼了每一個中國人的心，而在災難過後，我們也看到數以億計的人立刻伸出了援手，把愛心傳遞到災區。我們要問，這個愛心的原點在哪裡？

　　在2008年的「5‧12」汶川大地震中，有一幕非常感人的景象，一個母親為了保護自己的孩子，用自己的脊梁頂住了倒塌下來的這些殘垣斷壁，用自己的生命保全了嬰兒的生命。「媽媽愛你」這句話，四個簡單的字眼，不正是我們中國精神的最好說明嗎？所以愛的原點，古人講的就是「父子有親」，父母和兒女之間的愛，這是我們愛心的原點，我們的源頭。一切的愛心都是從這種父子之愛中產生的，聖人之所以能成為聖人，不外乎就是把這個天性的愛恆久保持，保持一生不改變，並且能夠把這個愛擴展到全社會、全天下所有的人、所有的物，這種人就叫作聖人。

　　我們來看看「孝」這個中國字，上面一個老字頭，下面一個子字底，跟剛才那張相片裡面一個母親護著自己的孩子，不正是一個會意的寫照？中國六書裡面「孝」這個字是會意，當我們看

到這個字時就能體會這個字的意思，這個字代表什麼？老一代和子一代合成一體了，這就是孝。如果兩人之間有代溝，把老一代和子一代分開了，這就不成為孝。這個一體是本來的一體，像兒女對父母那種愛心，我們從觀察嬰兒就能夠看出來。他對父母的愛是學來的嗎？是誰教他的嗎？不是，嬰兒對母親那種依戀、那種愛完全沒有隔閡，是天性的愛，所以這個愛是與生俱來的，是我們本性中本來就具有的德性。

我們再看這個字，老一代上面還有老一代，一直追溯到的過去是永無止境的，子一代下面還有子一代，一直延伸下去的未來也是永無止境的。過去無始和未來無終是一體的，這是我們宇宙本來的面目，一切的時間，包括一切的空間全都是一體的，誰要是證入了這種境界，誰就是聖人。那麼讓我們去細數一下中華古聖先賢的文化，古聖先賢千言萬語，他們的垂訓，他們給我們後代留下的道統，能不能夠做一個非常簡單的歸納，把中國的精神或者說中國的聖賢道統總結一下？這確實不是一樁容易的事情，因為中華文化確實是博大精深。我自己做了一個粗淺的嘗試，今天跟大家做一個分享。

如果說把中國精神歸納成十條綱要，不知道這樣歸納有沒有道理？我們所講的中國精神或說中華聖賢道統，如果是從一到十，可以把它分成兩部分，一塊是屬於「明德」的部分，另外一塊則屬於「明明德」的部分。明德是我們本來具有的，簡單來講就是我們光明的德性，這個光明是我們本性中與生俱來的天性的光明，不是學來的，不是修來的，它是本來就具備完全的，只是我們現在沒有開發出來。如果能開發出來就是《大學》所謂的明明德，也就是教我們如何把這個明德顯明出來，明德也叫作性德，因為它是本性本具的德能，而明明德是講我們修行、修身，把這個明德開發出來，所以明明德第一個明字是動詞，是顯明的

意思，是修我們的身而顯明我們的明德。

先講明德這一部分，有三個項目，一是一體，《中庸》所謂的「天命之謂性」是講得非常深的一個原理，它講的是宇宙的本體。子貢曾經說過，「夫子之文章，可得而聞也；夫子之言性與天道，不可得而聞也」。「夫子之文章」，包括他的德性能夠表現到外在可以看得見、摸得著的這些部分叫文章，「可得而聞也」，我們可以去學習，我們可以去模仿。但是「夫子之言性與天道」，性和天道是講宇宙的本性、宇宙的本體，「不可得而聞也」，這個道是極深的，講到宇宙本來一體。我們講的天是指我們的真心，我們原來就具有的那種心性，它有顯現宇宙的功能，而當我們沒有念頭產生時，這個宇宙是沒有發生，沒有顯現的，而當我們念頭一動，就產生了生滅的現象。所以《中庸》一開頭就說天命之謂性，天是講不生不滅的那個性，而命是講我們的念頭動了之後可生可滅的那些生命現象，包括所有的物質現象，生命有生老病死，物質有生往異滅、成住壞空，所有宇宙的萬象可以用天命兩個字就代表了，這叫性，性就是宇宙的本體。聖人教我們的，就是要證得這個宇宙的本體，我們用一個字——「孝」就可以做代表。

剛才講了無始無終是一個整體，再來我們講二相。二這是講兩個相，講本末，《大學》裡講的：「物有本末，事有終始，知所先後，則近道矣」。本是像一棵樹，它是根，末是枝葉花果，什麼是本？我們的身心是本，什麼是末？《大學》講的家國天下是末。本和末都是一棵樹上的，是一體的，身心也稱為正報，家國天下也稱為依報，正報轉依報，依報隨著正報轉。所以《大學》裡面講：「自天子以至於庶人，壹是皆以修身為本」，為什麼以修身為本？因為身是本，家國天下是末，我們把身修好了，這個社會就和諧了，這個世界也就和諧了。三是講三寶，老

子《道德經》裡講的「一曰慈，二曰儉，三曰不敢為天下先」，慈是我們的仁愛，仁慈的心，儉是節儉，不敢為天下先是講我們的謙德，這些德全是我們本性中本有的。我們跟聖人原來沒有任何差別，「人之初，性本善」，只是因為我們現在「性相近，習相遠」，跟聖人雖然本性上是一樣的，但是因為我們有習性，習性上有善有惡。孟子講的性善，荀子講的性惡，這個善惡是講習性，不是講本性，本性就叫本善，不是跟惡相對的那個善，絕對的善叫本善，習性上才有相對的善惡。我們現在要從惡的習性上回頭，回歸到哪？回歸到本性本善當中，那就需要我們去修身，修我們的德，也叫明明德。怎麼修法？有七個項目。

　　四是四勿，顏子所謂的「非禮勿視，非禮勿聽，非禮勿言，非禮勿動」。因為今天時間有限，我不能詳細說明，只能唸唸這些綱目。五是五常，「仁義禮智信」這是講五常德，這都是教我們怎麼修己，往哪個方向修。六是六和，這是跟人交往的守則，是佛家裡面的概念，所謂「見和同解，戒和同修，身和同住，口和無諍，意和同悅，利和同均」，見解上要和最重要。一個團體為什麼會不和？因為大家有個人的意見，只要意見相同，這就和了。可是意見很難相同，為什麼？因為大家都放不下自己的意見。怎麼樣能夠見和？很簡單，我們大家每個人把意見放下就和了，沒有意見就和了。沒有意見怎麼做？到底聽誰的？我們一起聽古聖先賢的，我們沒有自己的意見，以聖賢的意見做自己的意見，這就見和同解。戒和同修，戒是講規矩，家有家規，國有國法，我們都要遵守。身和同住，或者是企業裡頭員工一起工作，身要和，互相之間愛護、照顧、關懷、幫助，身要和。口沒有爭執，意上大家都一起同悅，都很喜悅。為什麼？最重要的是要學習傳統文化，所謂「學而時習之，不亦悅乎」。你要得到喜悅，那要從透過學習聖賢之道而得到。利和同均，用現在的話來講就

是共產主義，所謂共產主義是什麼？我們的利益要均等。然而，在現實社會中，我們的財富卻很難均等，怎麼辦？富人應該多幫助窮人，這就利和同均了，一個團體能夠和睦就是家和萬事興，和為貴，和氣生財。七是七智，《禮記‧禮運》篇講：「故聖人所以治人七情，修十義」，這個七智就是把我們的七種情欲拿去調理調理，因為我們人有這些情欲。當然凡人不能沒有情欲，可是如果情欲太濃，我們就會喪失理智，所以要用理智去調伏感情，要將我們的喜怒哀樂愛惡欲，盡量地進行壓制和疏導。八是八德，孝悌忠信禮義廉恥，這個我就不闡發了。九是九思，孔子講的「君子有九思」，「視思明」，看就看清楚；「聽思聰」，聽也聽明白；「色思溫」，我們的面貌要溫和；「貌思恭」，我們的語言態度各方面要恭敬，自己謙虛，對人恭敬；「言思忠」，我們的講話要有忠信，這個忠也代表不偏不倚，因為心上有一個中字，這顆心沒有偏、沒有邪，就能忠，心能夠忠，言也自然有信，就不會說偏激的語言；「事思敬」，我們做事要有敬業精神，對每一件事都要恭恭敬敬地謹慎去做好；「疑思問」，我們的疑惑，譬如說有不明白的地方要想到請教那些長者，請教那些真正在這方面有德行、有學問的人；「忿思難」，難是災難，當我們要是發了脾氣，你要想到可能會引起災難。人在喪失了理智的時候，很可能做出很多自己無法控制的事情，產生很嚴重的後果，所以想到災難，就能克制情緒；「見得思義」，就是講見利思義，我們得到利益的時候要想到這個該不該得，義者宜也，這個該不該得，不應該得的我們就不要去拿。譬如說身為企業家的朋友，我們不應該逃稅、漏稅，透過逃稅、漏稅，你能得到錢財，但是我們不該得，我們就不要。最後，十是十義，這是從五倫關係演繹出來的，五倫是講父子、兄弟、夫婦、君臣、朋友。人離不開五倫關係，因為五倫是我們的自然之道，你只要一

生下來就要面對這五倫關係，不僅是人，連動物都會有。譬如說一頭羊，牠必定是父母所生，牠有父子關係，牠有兄弟，一窩小羊在一起就是兄弟，牠也有夫婦，牠也有長幼，有朋友，也有君臣，君臣是領導與被領導的關係，那些羊在一起跑的時候，領頭的羊就是君，跟著跑的羊就是臣。連動物都有這五倫關係，何況是人。但是人比動物要強的地方在於，在五倫當中能修十義，能修這十種義務，那就是父慈子孝；兄良弟悌，也叫兄友弟恭；夫義婦聽，夫婦之間講道義、恩義、情義，互相溫順合作；長惠幼順，君仁臣忠，這是十義。

　　這是末學簡單歸納的中國精神十大綱目，只是拿來給大家做個參考，不一定是對的。可能有人說這十大綱目也很複雜，雖然這已經是概括了，但是能不能夠再簡單一點？是可以的，那就是剛才馬老師所說的，十條綱目皆是孝的闡發，所以一是一體，一體是孝能代表的，孝也是明德，也是明明德。當我們去盡孝的時候，也就在明明德，也就在修，所以這十條綱目一即是十，十即是一。大家仔細想想我們修這些德性，不就是正代表了我們對父母的盡孝嗎？《弟子規》講：「德有傷，貽親羞」，這一句話正好說明了，如果我們不能修德，那就是對父母的不孝。這十條綱目也代表著圓滿的意思，十是代表圓滿，不是說僅此十個方面。中國的文化只要我們能夠抓住綱領，提綱挈領，由繁入簡，也能由簡入繁。孟子曾經講過，「堯舜之道，孝悌而已矣」，堯舜是孔子最佩服的聖人，他們的道是什麼？孝悌而已矣，所以只要我們把孝悌做到極致，把剛才講的十大綱目全部做圓滿了，也就能成聖成賢。孝是講我們的心，悌是講我們的這種行為，有孝心是有一體的心，而悌道是對父母、長輩的恭敬，進而對老師、上司、長輩，對一切的人都有這種愛敬的存心，這是悌道。

　　今天我們探討的問題是從金融危機說起，金融危機它的成因

以及我們的出路。這次2008年席捲全球的金融危機，從表層的現象來看，它是一場次貸危機，自2001年以來，美國利率一直都在很低迷的狀態，美國的商業銀行開始大幅度增加向收入較低、信用紀錄較差的貸款人發放房屋按揭貸款，從而拉動了整個房地產價格，泡沫就這樣產生了。一些銀行和金融機構為追求高額的利潤，利用房貸證券化的機會將風險轉移到投資者身上，甚至故意將高風險的按揭貸款產品打包成債券，向投資者推銷這些刺激按揭貸款的債券。由於利率的上調使貸款人開始無力償還本息，導致房價大幅度的下跌，房地產市場價格泡沫破裂，從而引發股市大跌，而導致美國經濟的衰退。這場危機是從局部發展到全球性的危機，這是比較經典的學術期刊上分析的金融危機的成因。

　　根據一般普通的做法，我們如何走出危機？我們來看其他國家的做法是什麼。一般來講，他們都是採用非常寬鬆的財政政策和貨幣政策，用來鼓勵投資，刺激消費，拉動內需，當然我們中國也是這樣的做法。先看美國他們的做法，2008年11月，美國政府將七千億美元注入到金融機構救市，而這些資金的用途卻無法調查，歐巴馬總統上任以後提出了七千八百七十億美元救市方案，主要用35%的資金減稅，只有五千億美元是用於實體經濟。我們知道要真正讓經濟復甦，實體經濟是關鍵，譬如說製造業。美國政府承諾要撥出總共8.5兆美元來救市，這個數字如此的驚人，它實際上超過了從十八世紀美國建國以來至今所有重大專案的支出。可是這種做法雖然付出了血本，效果如何？我們看到今年4月2號中國央行做出的「2009年國際金融市場報告」，這個報告中有兩段我摘抄了下來，說到：主要經濟體信貸依然緊縮與金融市場流動性大大緩解形成反差，表明大量資金尚未流向實體經濟。換句話說，雖然有這些國家他們付出了很多的血本來幫助實體經濟，實際上很多資金沒有真正流向實體經濟，當然包括我們中國

在內。

　　假如你看到2009年上半年用電量跟GDP的比例，你就能理解，通常來講用電量增加代表著生產增加，因為生產要用電，所以國民生產總值應該增加。但是2009年上半年國民生產總值上升了，可是用電量下降。這說明什麼？這個GDP裡面所衡量的這種經濟狀態，實際上含有了虛擬經濟增加的成分，實體經濟其實在萎縮。國家政府也給了4兆資金來投入實體經濟，可是我們看到股市漲了、房地產漲了，但是實體經濟卻是依然不景氣。央行的報告第二段指出，金融市場資產價格快速上漲，但並不意味著實體經濟已經或將強勁復甦，一旦金融資產價格的過快上漲得不到宏觀經濟基本面的足夠支持，新一輪的資產泡沫破滅又將形成新的巨大風險源。換句話說，這大量的資金投入很可能被變相的用於炒股、炒樓，投向金融市場，而沒有真正用於實體經濟，造成了價格的泡沫化。

　　而其他國家的方法則更是沒有什麼效果，那麼我們問，到底我們有沒有抓到問題的本質？也就是這場金融危機的深層原因究竟是什麼？只有找到深層原因，我們才能找到根本出路。2009年2月2號，溫家寶總理在英國劍橋大學的演講中指出，道德缺失是導致這次金融危機的深層原因，一些人見利忘義，損害公眾利益，喪失了道德底線。溫總理一語道破危機的成因，這不是市場的問題，也不是體制的問題，而是人的問題。所以我們分析金融危機的原因，我們採取的是以人為本的探討，溫總理指出是因為人缺了德，我們具體來談談缺了那些德，讓我來對溫總理的話做一個延伸。我們說五常德，「仁義禮智信」，如果我們貪婪，貪婪就變得無仁；如果有欺詐，欺詐是無義；如果是驕奢，驕奢是無禮；第四是愚昧而無智；第五是不誠而無信。

　　首先我們來談第一個項目，貪婪無仁。《論語》中孔子告訴

我們，「君子欲而不貪」，「欲仁而得仁，又焉貪？」君子也有欲，欲什麼？他所希望的是成聖成賢，成為仁人，那麼需求的是仁人，當然就不貪了，所以欲仁而得仁，就不需要貪了，貪身外的物就得不到仁。我們來看一個例子，這次危機當中一個巨大的事件是雷曼兄弟的垮台，這是在美國第四大的投資銀行，雷曼兄弟控股公司在2008年的時候因為金融危機而有20億美元的虧損。英國當時巴克萊銀行出資17億美元希望能收購雷曼兄弟，結果雷曼兄弟的八名高管根據美國《公司法》向巴克萊銀行索要25億美元的紅利。美國《公司法》裡頭說假如一個公司受到了兼併，這個公司的高管需要得到保護，因為在兼併當中高管往往是被開除掉的，這些高管可以索要相應的保障，沒想到這八名高管要求支付25億美元，當然這是太過分了。這個談判當然以失敗告終，結果2008年9月雷曼兄弟就倒閉了，這個控股公司的倒閉也標誌著美國金融危機從美國走向全球。

貪而無仁，仁者不貪。我們回歸到傳統上來看：

宋朝有一位宰相范仲淹先生，范文正公，他是個大孝子，從小因為父親去世得早，他跟母親改嫁到了朱家。長大以後知道自己原來姓范，而不姓朱，結果朱家排擠他，他不得不拜別母親，他立志考取功名，將來衣錦還鄉接母親奉養。當他離開母親時，他含淚拜別母親說：「媽媽請你等我十年。」古人所謂十年寒窗一舉成名。結果他就帶著自己的幾本書、一些衣物、一把古琴、一把佩劍離開了朱家，到了破舊的書院去苦讀。「斷齏畫粥」的故事就是發生在他那個時候，他生活極其簡單，每天煮一鍋粥把它凍成塊，一餐切開一塊來吃，野菜用鹽醃成鹹菜，每天切一些鹹菜配稀粥吃，這就叫斷齏畫粥，齏是鹹菜。有一天有朋友來看望他，發現范先生竟然吃的這麼簡單，生活這麼清苦，很不忍心，給他送來一桌酒席，希望能夠多少幫上一些忙。結果過

了一段日子之後再去看望他，卻發現這桌酒席竟然原封未動。他就問范公：「為什麼你不吃我給你的東西？」范先生很誠懇的告訴他：「不是我不喜歡這桌酒席，而是因為今日吃了你的酒席，來日我就吃不下我的齏粥了。」范公就是這樣以苦為師，苦學不輟，他是五年衣不解帶，聞雞起舞這樣去讀書。結果八年之後，果然考上了進士，做了官，回來接母親去奉養。他跟母親講，我提早了，本來預定是十年，現在是八年就回來了。

范公做了官之後依然保持他勤儉廉潔的操守，他把自己所有的俸祿盡量拿去幫助貧苦的人。到他晚年的時候，他的家人希望給他買一塊地做為養老之用，就看中了蘇州南園的一棟住宅，把它買了下來。後來遇到了風水先生來看這棟住宅，這位風水先生說這塊地是風水寶地，將來能夠出很多人才。結果范公聽到這樣的話，立刻就決定把這棟住宅捐出來給國家，替國家培養人才，建成一座學校。可見其毫不利己，一心為公。我們講積善之家必有餘慶，他捐出那塊風水寶地，結果更使得他家族後福無窮，他的四個兒子都做到了宰相、公卿、侍郎，而且范家八百年不衰。

他出將入相幾十年所得的俸祿全都用於佈施救濟之用，所以家用極為節儉，到他去世那一天，家裡竟連喪葬費都沒有。他的兒子范純仁也是一個非常有道德、有學問的人，繼承了孝悌的家風，當范公年老時在家裡養病，范純仁照顧老父親，朝廷因為久聞范純仁的學問、才華，所以聘請他出來為國服務。一般人看到皇上請自己出來做官，不馬上欣喜若狂，立刻叩頭謝恩才奇怪。但是我們看到范純仁怎麼說？他講：「豈可重祿食而輕父母」，這句話是說，我們怎麼能把我們自身的名利放在孝養父母之上？說得好聽一點，我們都有自己的事業，當我們的事業跟孝養父母有所牴觸的時候，我們是選擇自己的事業，還是選擇自己的父母？范純仁把父母放在第一位，把他的事業放在第二位。但是命

裡有時終須有，結果後來他還是受朝廷的聘用，在父親去世以後進入朝廷為官，還做到了宰相。如果有宰相的命，你等一等也不妨，而沒有這個命，則你求也求不來，所以說君子樂得做君子，小人冤枉做小人。

《大學》裡面講的仁者以財發身，不仁者以身發財，真正的仁者，他有財用於回饋社會、奉獻社會，自己生活用度則節儉到最低的程度，他來用財成就自己的德行，這叫以財發身。不仁的人則相反，不惜把自己的道德敗壞掉去發那個財，可是那些財我們到底能不能夠得到？你命裡有時才能得到，命裡沒有那是枉求也求不到的，所以叫以身發財。范公為什麼能做到仁者？其實我們追根究柢還是《論語》中有子講的話：「孝悌也者，其為仁之本與」，孝悌是為人之本，因為有孝悌的存心才能做仁人。所以仁愛其實就是我們孝悌的延伸和擴展，把我們孝敬父母的那分存心來對待所有的人，那就是仁。要讓我們的社會歸仁，讓我們不再有危機產生，就必須先要教孝道。

我們再來看危機第二個深層原因，那是欺詐，也就是無義。《論語》中孔子說：「君子喻於義，小人喻於利」，這個喻就是心裡面懷著的意思，君子懷著的是仁義，而小人懷著的是利益，只是自私自利。曾經有一位很著名的美籍華人金融教授寫了一部書說：「中國唯一的出路是發展金融市場」，這句話當然他有很多的證據說明為什麼這樣說，可是這句話是有危險的。為什麼？如果一個發達市場裡頭存在的是君子的話，那當然是好事，「君子喻於義」，可是如果金融市場裡面全都是小人當利，那麼危機、欺詐就難免會產生。所以好不好其實不在於制度，而在於我們的人，人在於教育，人是可以教得好的。如果不教？不教人就會變壞，哪怕是得到高等學位的人，沒有受到倫理道德的教育，他也會做出對社會有極度危害的事情。

我們來看這場危機之前在越南曾經有一次危機，2008年4月。越南是在2007年的時候出現了經濟過熱現象，當時美國的一些國際投資銀行，就是炒作家、投機份子，他們看到機會來了，所以首先，這是他們慣用的炒作伎倆，他們呼籲大家都來買越南股票，把資金投入越南市場，越南前景無量，前途光明，他們還把越南納入了新鑽石十一國。因為這些國際銀行他們具有很高的影響力，他們的說法當然能夠影響很多人，所以股民們蜂擁而入，國際資金都流向了越南市場，一下子把樓價、股價都拉高，形成了價格泡沫。2008年4月，這些國際金融投資者們則在一夜之間把他們所有的資金都撤離了，當然他們賺了好大一筆。可是沒過多久股票價格、樓價大跌，這個泡沫破裂了，而使得這個國家的經濟陷入非常痛苦的滯脹狀態，「滯脹」，滯是經濟停滯，脹是通貨膨脹，他們國家的通貨膨脹高達25%，這就是當時震動全世界的越南危機。這種手法實際上就是欺詐，把國際上這些無辜的股民都欺騙了，而把這些錢落入自己的口袋，這是無義。往往我們在賺錢的時候可能都會迷失了更重要的一個思考，就是我們賺了錢到底要做什麼？

當然在商界裡面也有仁人志士，我認識的一位朋友他住在馬來西亞，他們的家族是做棕櫚生意的，這個家族是賴福金集團，他們在馬來西亞沙巴建立了一所醫院叫「福群醫院」，這所醫院是慈善五星級的醫院。在2008年開幕典禮上，集團的董事總經理賴藹芳在致辭中說道：「先父許願要建一個醫院救人，這是滿先父之志，同時也感恩母親的培養，所以我們把這所醫院的名字，從先父的名字那裡取一個字，再從母親的名字那裡取一個字，合起來叫福群。意思也很好，叫造福人群。」她又講到有捨才有得，中國的名詞都非常的有智慧，你看「捨得」，你捨得嗎？一問你這話就讓你能夠覺悟，有捨才有得，你捨的多了才能得的

多，捨得捨得，你得先捨再得。而後你得到了還得捨，捨你的所得，把自己的財富像范公一樣用於回饋社會，創造真正生命的價值。賴藹芳還說道：「萬般帶不去，唯有業隨身」。其實認真想想，我們在走的時候，離開人世的時候又能帶走什麼？連我們的身體都帶不走，所以我們貪什麼？為什麼不用我們現在的條件去造福人群？她有一段致辭的話我覺得特別的好，我把原文摘錄下來，她說：

人生永遠是來也空空，去也空空，當我們去的那一刻，任誰也帶不走一分一毫。有錢而不捨得用，與窮人沒兩樣。花在自己身上是享福，福盡悲來，但若能取之社會而又能回饋社會，彼此感恩，又能行善，讓這無常、寶貴的生命價值重如泰山，而不枉此生，自己修福積德而又造福人群，一舉兩得，我們又何樂而不為？

這是十分有智慧的話。我們再進入危機第三個深層的原因。仁義禮智信，第三個是無禮，表現在驕奢。危機是從美國產生的，解決危機的方法他們第一個想到要刺激消費，從而刺激投資。可是我們要問一問現在消費還需要刺激嗎？我們看看幾個數字，美國只佔世界4.5%的人口，卻消費佔世界三分之一的物質資源，按照人均溫室氣體排放量計算，美國仍是全球第一大污染源，過分的消費意味著污染。在美國大約27%可消費的食品被浪費掉，每一個美國人每天平均都會浪費一磅食品，每年扔掉四千三百七十萬噸食品。這是一個什麼數字？在這種情況下，世界銀行和國際貨幣基金組織聯合發布報告稱，長期饑餓人口的人數預計今年會超過十億。古詩有說到：「朱門酒肉臭，路有凍死骨」，當十億人口在挨餓的時候，美國正每年在浪費、在扔掉

四千三百七十萬噸的食品。當然我們中國沒有統計，我們自己要捫心自問，在這個世間這麼多人在挨餓，那我們的生活是怎麼樣的？在座的朋友一定都是幸運兒，為什麼？因為你每天都有飯吃。而當我們去餐館點菜的時候，點了滿桌的菜可能只吃了一半，剩下一半就扔掉了，你有沒有想過這世間有十億人在挨餓？人都有吃不飽飯的時候，那我們這樣的蹧蹋糧食，這不就是造孽嗎？

昨天我們來北京，國防科技企業協會的李祕書長請我們吃晚飯，我特別讚嘆他的點菜功夫。我跟他說我們最好能夠點到剛好吃光，沒有任何剩下，結果真的剛剛好，點的正好吃光，桌上沒有留下一根菜、一粒飯粒，這讓我心裡感到十分高興。如果說我們浪費掉很多的食品，甚至在招待客人時我們想著一定要點很多，讓客人吃不完，這才叫我們的熱情。我覺得這是愚昧的熱情，這是殘忍的熱情，為什麼不把這份福報省一點去分給那些需要的人？

而美國的這種消費，在不斷刺激之下的消費，用什麼來支持？在我來看，他們是用超前消費或者借貸來支持的，美國從政府到個人沒有不欠債的，美國聯邦政府的累計債務已經達到65.5兆美元，這不僅比美國的GDP多四倍，而且也超過了整個世界的生產總值，換句話說，美國人就算四年不吃不喝，勒緊褲腰帶來還國債也還不完。美國的家庭、個人情況，家庭債務目前已經超過30兆美元，平均每人債務是10萬美元。因為美國人的年均收入是3.8萬美元，換句話說要還清家庭債務也至少將近三年。幸好美國十分幸運，因為他們的貨幣做為國際結算貨幣，所以享有這種特權，他們的債券總是受到各國的喜歡，因為持有美國的債券就代表著我們的國家可以擁有一定的外匯儲備，能夠擁有一定的實力，而且這些債券可以很容易兌換到美金。但是我們現在也遇到

困擾了，我們知道中國是美國最大的債權國，有八千億美元的國債，日本是第二，七千億（2010年日本是第二大債權國，當時是七千億），還有很多中東國家也擁有不少的美國國債。美國人他們就是用向別的國家借錢支付著自己的超前消費，所以不僅是中國人需要節儉，美國人更需要。但是美國人不僅自己本身沒有這種意識，反倒會批評我們中國人，我們也聽到有一些聲音說這次金融危機，其根本原因在於中國人儲蓄太多、不消費，因此造成了金融危機，這叫無稽之談。

　　《禮記‧大學》篇裡說：「生財有大道。生之者眾，食之者寡，為之者疾，用之者舒，則財恆足矣」。我們要發展，要生財就有大道，什麼是大道？我們生產得多，消費得少，生產得快速，用得緩慢，這是積財之道。所以這就是我們為什麼看到中國能夠持續保持高速發展，令很多西方經濟學者都大為驚嘆的緣故，其實道理很簡單，就是生財這個大道，《大學》裡講的。我們國民生產總值的成長率高於消費成長率，這不就是「為之者疾，用之者舒」嗎？我們的消費率一直保持大約是美國消費率的一半，消費率是總消費除以國民生產總值的比率，正說明我們「生之者眾，食之者寡」，所以中國才能夠持續穩定發展。實在講，我們現在偏向了GDP，GDP要求保持高速度成長，所謂保八，實在講，如果說這個高速度的成長是以污染環境、破壞資源，造成很多的浪費為代價的話，那我覺得反而不用去要求這麼高效率的成長。

　　怎麼樣才能使我們國家的財富「財恆足」？我們可以從另外一個角度考慮，我們可以降低消費，「生之者眾，食之者寡」。我們生產得多了，消費得少了，不就等於我們財恆足了嗎？這正是永續經營之道。在禮方面講還有謙敬自持的意思，《孝經》上講：「在上不驕，高而不危；制節謹度，滿而不溢。高而不危，

所以長守貴也。滿而不溢，所以長守富也」。在上位的人他能不驕慢，保持謙虛，即使處在高位也不危險，當我們身處富貴時，只要我們能夠節儉，你也能夠滿而不溢，而且制節謹度也包括我們能夠好好的自持，戒驕奢淫逸，自然能夠長守富貴。溫總理表現在我們面前的，正是「在上不驕，高而不危」的形象，他面對人民時總是說：「感謝人民對我的信任，我是一個很普通的人。」

「制節謹度，滿而不溢」，我們看到世界首富華倫‧巴菲特，當他的慈善捐款總數達到370億美金時，他接受了CNBC的電視專訪。結果我們發現，他現在還是住在五十年前結婚後買的只有三房的屋子，這棟房子已經滿足他所有的需求，這棟房子沒有圍牆或是圍籬，他自己開車，沒有司機，更沒有保鑣。他從不搭私人噴射機，儘管他擁有全世界最大的私人噴射機公司，他的公司波克夏‧哈薩威擁有六十三家公司，他每年只給各執行長寫一封信，給他們這一年的公司目標，他從不舉行例行的會議或者是打例行電話。他不做上流社交的活動，回家後唯一的休閒活動是捧著一點爆米花看電視，他不帶手機，桌上也沒有電腦。你看他的生活就這麼簡單，大道至簡，其實越簡單他越能有智慧，太複雜的生活反而會讓我們迷失了。巴菲特他這麼節儉的生活，卻把80%到90%的財產捐給了慈善基金會，制節謹度，滿而不溢。

《弟子規》上講：「唯德學，唯才藝，不如人，當自礪。若衣服，若飲食，不如人，勿生戚」。我們與其他人競爭的是德行、學問，還有才藝，如果不如人，我們要自己自勵，要努力上進，如果是說衣服、飲食，我們的享受不如人，那無所謂？就像巴菲特這麼有錢，仍然生活得這麼節儉。所以胡主席「八榮八恥」裡面講：「以艱苦奮鬥為榮，以驕奢淫逸為恥」，《朱子治家格言》講：「一粥一飯，當思來處不易；半絲半縷，恆念物力

維艱」。我們有一口飯吃的時候，我們有衣服穿的時候，知道來之不易，這裡頭凝聚著多少人的血汗。我們懷著感恩的心去受用，更不能去蹧蹋。在現代的時候，提倡節儉有更重要的意義，節約資源，珍愛地球，我們的地球就這麼大，如果我們窮奢極欲的去使用資源、浪費資源的話，那就是有今天沒明天。如果我們希望永續的發展，留給下一代子孫一個美好的環境，我們就必須從現在開始節約。如果我們不節約，危機一定會產生，像美國所有的經濟政策都是在促進消費，這是導致這次經濟危機的一個根本原因之一。

我們來看第四，愚迷而無智。在2001年有一個轟動世界的金融醜聞事件，曾經是排名美國五百強企業第七名的安然公司竟然倒台了，這是一個能源巨頭公司。當時因為公司高層財務造假，欺騙股民，一時間把股票價格拉到很高，九十美金一股，最後東窗事發，被大家識破了，又從九十塊美金一直跌破一美金以下，最後以公司倒閉告終。我們來看其中三位領導者的結局，他們面對的是一份長達六十五頁的起訴書，涉及了五十三項指控，包括騙貸、財務造假、證券詐欺、電郵詐欺、策劃並參與洗錢、內部違規交易等等。這三個人，第一個是公司的創始人、前CEO肯尼斯·萊，他面臨著被判監禁四十五年，卻因為心臟病發作去世，沒有命去消受。第二個人前CEO傑弗瑞·斯基林被控二十八項罪名，將面臨二百七十五年的有期徒刑，三輩子恐怕也還不完。前副董事長約翰里·巴克斯特最後飲彈自殺。道家《太上感應篇》中有一句話形容這個事件挺恰當的，「取非義之財者，譬如漏脯救饑，鴆酒止渴；非不暫飽，死亦及之」。貪取不義之財的人，他沒有想到這財是自己的嗎？能帶走嗎？貪來的不義之財就好比是毒藥，這個漏脯就是一塊肉放在屋簷底下，漏下來的水浸泡這些肉就產生了劇毒，鴆酒是毒酒，如果我們渴了喝毒酒，餓了吃

漏脯，非不暫飽，死亦及之。

我們問人為什麼這麼沒智慧？身為高層經理人實際上已經擁有很多財富了，收入很高了，為什麼還要貪這個？《論語》就講了，「小人喻於利」，利令智昏，當一個人他不能制服自己的貪念時，這個貪就像洪水一樣不斷的成長，最後不可收拾，把自己都淹沒了。在中國2008年胡潤套現富豪榜上評選出來的中國首富黃光裕，這是國美的前老闆，他以一百三十五億的資產成為套現排在第一位的中國首富。可是該年十一月就因經濟犯罪被捕入獄，到現在還關在裡頭。這使我們不由得想到古人有《勸世文》中說道：「榮華總是三更夢，富貴還同九月霜。老病死生誰替得，酸甜苦辣自承當。人縱巧計誇伶俐，天自從容定主張。讒曲貪瞋墮地獄，公平正直即天堂」。當我們的心懷有義的時候，這就是天堂，如果我們的心貪利，貪瞋癡慢慢產生種種邪念，這就墮入地獄了。所以人生的價值在哪裡？不在於索取，而在於奉獻。

當我從美國到澳洲的時候，澳洲昆士蘭大學聘請我到商學院教書。因為原來在美國的時候發表過不少的論文，也在國際性會議上獲過不少次的最佳論文獎，因此美國曾發給我優秀教授和研究人才綠卡。當時應恩師的呼喚從美國前往澳洲，在澳洲昆士蘭大學任教的時候，也常常協助我的恩師一起推動傳統文化教育，自己也兼職來弘揚文化。在昆士蘭大學，這所大學也是一所比較著名的大學，它在MBA的排名中，曾經在2002年有一個排名是全澳洲第一，在全亞洲是第六。因為我曾經有一些學術的成績，所以大學對我也是特別的厚愛，曾經兩年都頒給我最佳研究人員這樣的一個獎項。在我三十二歲，到了澳洲第三年的時候，就破格將我升為副教授，以及終生教職，並且承諾在2007年就讓我擔任教授。當時我給我媽媽也有一個交代了，因為我媽媽希望我做教

授，媽媽的願望就實現了，當時我就跟老師談及這個問題，說很想為弘揚傳統文化做一點貢獻。恩師也非常鼓勵我，說你可以全職弘法。當時我就想到要全職弘法，但我自己肩負著五位老人的贍養，若我自己孑然一身那還比較好辦，但是五位老人我怎麼贍養？我有母親、父親，還有我的庶母、爺爺、奶奶，我就想到時候從澳洲回中國，在中國我可以找一所大學任教，因為在大學裡面教書，時間可以比較靈活掌握，不會妨礙我弘揚傳統文化這個事業，而且還能夠賺一點錢。正好當時廈門大學聘請我做首席教授，他們創辦了一個金融研究所，希望能夠打出學術的知名度，給我年薪八十萬，希望我帶領十五位助理教授和副教授一起完成這項目標。當時我接受了這份聘函，我就想一年八十萬，因為大學還給我一套房子，還包吃，還給我大量的研究經費，基本上用不上自己的錢。三年下來就能夠有二百四十萬，這可以作為我五位老人的養老基金，我這麼打算盤。跟老師回報，老師就呵斥我，說你不要想錢。我當時突然就覺得特別羞愧，學道學了這麼久還不明白孔子講的「君子謀道不謀食，憂道不憂貧」嗎？恩師鼓勵我說，假如你真正為正法，為弘揚中華傳統文化獻身，那你不用考慮你的身家。我為人人，人人為我，我們就來實驗一回。所以當時我就下了決定，跟我媽媽商量，媽媽很贊同，因為媽媽學聖賢文化學得比我好，因為我母親、父親他們都有退休金，也有自己的房子，我又給我爺爺和奶奶買過房子，所以他們的生活基本上能過得去。我們確確實實需要想到為社會多做一點事，這是談我為什麼做海歸，從澳洲回到中國後不再繼續從事金融教學，而從事傳統文化的弘揚工作的原因。

在那一年我拿到終生教職的鐵飯碗時，我母親給我寫了一張生日賀卡，她在賀卡中這樣寫到：「茂森兒，做母親的希望你更上一層樓，希望兒子做君子，做聖賢，你能圓我的願嗎？」

我在那一年下半年我母親的生日上，寫給她的一張賀卡上回答了母親的問題：

親愛的媽媽，《孝經》上說：「立身行道，揚名於後世，以顯父母，孝之終也」，因此大孝者應以德濟世，為天地立心，為生民立命，為往聖繼絕學，為萬世開太平。目前世界聖教衰危，天災人禍頻繁，我們慶幸得遇正法，獲益無窮。我願為挽救世運人心努力修學，從格物、致知、誠意、正心、修身開始，盡形壽為人演說聖賢之道，以報父母、恩師、天地祖先，古聖先賢之德。

兒茂森頂禮

母親後來領我去拜師，並且獻上她寫的〈送子拜師文〉，並且呈上了束脩之禮，然後請老師上座，母親領著我向老師頂禮三拜。在這拜師文中有一段話是這樣寫的：

環視神州大地，放眼全球，我多麼希望中華傳統道德遍地開花，我覺得目前世界不是缺乏經濟、金融人才，而是極缺倫理道德的教育與師資，所以我贊成茂森重新選擇人生道路。

母親鼓勵我說：「能孝敬自己的父母是小孝；能孝敬天下的父母，全心全意為人民服務是大孝；能成就聖賢，普利眾生，使千秋萬代人獲益無窮是至孝。我支持兒子走上大孝，奔向至孝」。於是我跟母親就下定決心，遞上了辭職函，告別了昆士蘭大學，把房子、車子都賣掉，回到了國內。母親又回到她退休前的那個棟老房子，我就跟著恩師來學習傳統文化，每天就在網路

上習講中華傳統道德經典。

2007年我就正式開始進行這項工作了，那一年的母親生日，我給母親寫了這首詩：

感恩慈母頌
春秋六秩轉瞬間，育兒辛苦三十年。
昔有孟母勤策勵，而今家慈不讓賢。
不戀高薪教授銜，唯希獨子德比天。
從來豪聖本無種，但以誠明度世間。

誠和明是《中庸》上講的，聖賢之道，唯誠與明，誠則明矣，明則誠矣，誠是講我們心性之體，明是講我們的德能。把我們本性中的誠和明顯發出來，這就是聖人。那麼聖人，人人都可以做，人皆可以成為堯舜，人皆可以成為聖賢，只要我們努力去做，這不是求人的事，所以每個人都能做到。做到之後還要用我們的誠和明來度世人，幫助世人也能回歸自己的本性。

再來，我們探討最後一個深層的原因叫不誠而無信。《論語》中載：「子曰：『人而無信，不知其可也。』」一個人如果沒有了誠信，那麼這個人也就無可立足了。我們看這場次貸危機的背後，實際上當銀行和金融機構發行刺激債券融資時，本應承擔風險評估責任的評估公司也因為追求自身利益，沒能有效的履行職責，所以讓很多風險很高、信用很差的貸款證券，被很順利的流入了金融市場。這些高風險的貸款證券就好像癌細胞一樣，它佈滿了整個金融體系的全身，一旦有問題發生了，那麼這個市場也就崩潰了。這是因為誠信不足導致的。

李嘉誠是華人首富，從小就受他母親教導，他母親教導他說：「經商如同做人，誠信當頭則無危不克」。李嘉誠是一個聽

話的孩子，聽話的孩子有福。李嘉誠他跟他母親曾經在文革之後回到自己家鄉潮州地區，看到了開元寺，這座千年的古剎被毀壞了，所以當時他母親很難過，於是李嘉誠就趕緊解囊相助，發願幫助這座寺院重建。李嘉誠寫給這個寺院的主持的信中這樣說：「本人此次提出對貴寺重建稍盡綿力，緣於家慈信佛多年，體念親心，思有以略盡人子養志之責」。所以我們知道人就像一棵樹一樣，它有根本，樹有根本所以它能長得繁茂，水如果有源頭它才能源遠流長。一個人為什麼能夠得到這麼光輝的事業？因為他有根本，根本就在於孝，這是贍養親志。

我們簡單做一個小結，剛才跟大家報告了這次金融危機正如溫總理所說的是道德的缺失，我們只是把中國精神當中的五常提出來跟大家討論，若沒有了仁義禮智信之後，這個危機就會產生。明白這個危機的深層原因之後，我們如何來尋求根本的出路？〈禮記・學記〉篇裡講：「建國君民，教學為先」，一個國家政權一旦建立，國家領導人第一個要考慮的就是教育，教育專指道德仁義的教育、中國精神的教育，因為這種教育能讓我們成為好人，甚至成為聖賢。如果這個社會當中君子多了，小人就少了，好人多了，壞人就少了，危機也就不會產生了。至於具體的做法應該怎麼做？我將從宏觀經濟的角度以及微觀企業的角度跟大家做一個彙報。

西方有一種所謂的娛樂經濟學，這個經濟學的一個主要中心理論認為，在經濟蕭條時，人們往往會有比較多的時間待在家裡，所以他們想看看電視，出去看看電影，因為工廠不上班了，他們就可以多一點時間自由活動，這個時候娛樂業也就開始發展。所以現在我們來看看歷史，1929年到1933年美國大蕭條，也正在這個時候好萊塢開始迅速成長，上映了很多的名片，譬如說電影《飄》，又譬如說《米老鼠和唐老鴨》。2000年時，美國科

技股泡沫破滅之後也進入了經濟蕭條，這時候也孕育出像《哈利波特》、《蜘蛛人》、《星際大戰二》等等名片。再來看亞洲，1980年代日本經濟衰退，這時候文化娛樂事業卻有了迅速成長。1997年東南亞金融危機之後，韓國也逐漸成為了文化輸出大國，我們都熟知的《大長今》，大概在座的很多人可能都看過，在中國熱播之後，影迷數也不少。這是2004年的時候，2007年中國各地電視台共播出了六十部的韓劇。往往在蕭條時期娛樂業卻有長足的發展，這是因為有需求。

我們來看這次金融危機時中國娛樂業的市場又是怎麼樣的？我們看到2009年9月16號上映的「建國大業」這個片子，三天半之內就票房過億，刷新了國產片最快過億紀錄，總票房超過4億。2009年全國電影票房已經超過63億元，與2008年相比增幅達42.96%，創下歷史新高。這是因為危機的原因，大家有更多的時間了，他們肯娛樂了。

當我們不斷的輸入像韓劇、好萊塢影片的時候，我們是接受西方的文化教育。實際上這些文化的輸入，當然可以佔據我們老百姓的一些時間，讓他們有更多時間消遣，可是我們教給老百姓一些什麼？不是我們自己的文化老百姓不喜歡，假如我們有好的文化給他，老百姓其實是熱愛我們自己的文化，像《建國大業》何以能夠創票房紀錄？這不正是顯示了我們中國人其實是熱愛自己的文化的嗎？所以現在是個契機，經濟還沒有復甦之前如何走出危機，我們可以大膽的提出應該以文化教育產業來帶動經濟。中國是文化大國，有著五千年傳統文化的歷史，所以傳統文化在國內外都有無限的市場潛力，這個文化我本人覺得比好萊塢文化要更好。它是講心性的文化，總比那些色情暴力片好得多。所以你看一部《孔子》的電影上映，當然有人在批評它，但是主流還是歡迎的。為什麼我們不製作更多的這種文化產品，滿足我們老

百姓的需求？為什麼我們不把道德仁義灌輸到每一個老百姓的心中？帶動經濟實際上是一個次要的成果，更重要的是讓人心安定，社會就和諧了。

光從經濟的角度來看，文化、教育這個產業也是可以帶動全社會的其他產業的發展和良性成長。我舉例說明，譬如說我們要推動文化教育，要建一個學校或者教育中心，或者是培訓基地，這就帶動了建築行業、服裝業，像我們現在穿唐裝，很多人都喜歡穿唐裝了，這就是一個行業的興起。像我們舉辦一個論壇就帶動了旅遊、酒店、餐飲等等。用遠端的教學，用傳媒作為載體傳播我們中華的傳統文化，就促進了教育節目的製作，遠端教學、家電、高科技產品等等的發展。但是因為我們沒有注意到應該發展這個新興產業，可能把過多的錢投到了產能過剩的產業當中去。

中國政府在危機之後，在2008年11月就通過了四兆元救市計畫，要扶植我們的實體經濟，像造船、鋼鐵、建築這些傳統工業。當然這種扶植是無可厚非的，是應該這麼做的，但是為什麼我們沒有想到要去扶植我們傳統文化的教育產業？我們如果能拿出四兆的萬分之一，四億元來支持傳統文化，就會產生相當了不起的成果了。一片《弟子規》的光碟一塊錢成本，生產四億片基本上可以全國每一個家庭都擁有一套，這不就是很好的扶植傳統文化的一種方法嗎？人心穩定了，社會就能和諧，和諧了之後，它就能夠創造很好的、良性的投資環境。像剛才講的無仁、無義、無禮、無智、無信這些問題都能夠不再發生，危機就能得到解決，就能走出危機，而且使得經濟持續、良性的發展。

所以根本在於人，人的根本在於教育。我們都熟知的帶動經濟的三架馬車，所謂消費、出口、政府支出。現在我們的消費帶動內需，譬如說促進家電走入農村與農家，這是促進消費，消

費我們的家電行業，但是我們傳統文化的消費有沒有這樣促進？這是我們可以思考的。還有出口，我們一件服裝可能成本是一塊錢一件，賣給美國人，美國市場把這件衣服放在超市裡面就能賣十美金，那還是很廉價的，但是他們已經賺了90%的利潤，而我們卻只拿到一塊錢，而且這一塊錢是透過我們破壞資源，或者是讓工人的薪資降低來達到我們的出口利潤。如果我們能夠加上文化價值在這個服裝當中，譬如說我們出口一件唐裝，你說唐裝沒人買，真的沒人買嗎？因為我們沒有做文化先導。為什麼我們在論壇開設之後很多人就買唐裝？因為他已經接觸到這個文化，這是因為唐裝代表中華傳統文化，我做為中國人應該穿中國人的服裝。他這種想法就讓這件服裝本身增值了，所增的價值是文化的價值。

曾經有一個朋友送給我一套皮影，用驢皮剪成的像剪紙一樣的很漂亮的花紋、圖像。他說在歐洲非常暢銷，為什麼？因為每一個皮影代表一個故事，這個故事用英文翻譯出來，讓外國人看到之後，他買了這個產品就覺得這是一種文化，他不是只看這個工藝，而是在接受一種文化，所以文化的附加價值本身是無限的。為什麼米老鼠和唐老鴨給狄斯奈樂園創造了這麼多的價值？難道真的就是因為狄斯奈樂園它本身的遊樂設施很好玩嗎？當然這可能是其中一部分原因，但是更重要的原因在它裡頭有文化，因為孩子都看過米老鼠和唐老鴨，所以他享受的是這種文化的陶冶，但是米老鼠和唐老鴨的文化跟我們中國孔子、孟子的文化，我覺得是天淵之別的，應該讓我們的孩子從小接受孔孟之道與中國精神文化。只是我們應該讓思想活起來，借鑑狄斯奈樂園的經營模式去經營我們自己的傳統文化，消費、出口、政府的支出應該做支持，帶動經濟，所以這三架馬車應該以文化教育為本。

剛才是從宏觀的角度來談，微觀的角度則應從企業角度著

手，這就需要振興企業的中國精神，中國精神我們上一堂課已經做了簡單的報告，這裡不再贅述。怎麼樣在企業中振興中國精神？最重要的一點是，首先我們要復興企業的家文化，《大學》裡講的「修身、齊家、治國、平天下」，家是一個重要的樞紐，我們現在看到的家，實際上已經不是真正意義上的家。為什麼？我們現在的家是夫妻結了婚生了孩子的三口之家，古時候的家則是好幾代同堂，大則幾百人，小則幾十人。這個家若我們能使它和諧，這叫齊家，能齊家你就能治國，就能平天下。所以古時候重視家，每一個人都要為家著想，做了壞事後會造成什麼結果？辱沒門楣，這是不被允許的，反之，自己則要上進，有了榮譽後這就光耀門楣了，所以這個家是一個人發展的重要支柱。一個人他的一生為這個家而服務，家是他的精神支柱，所以中國精神是以家作為載體。

但是我們現在很悲哀的看到，中國的家文化已經被打破，日本侵略中國，抗戰八年當中我們最大的損失是什麼？家被破壞了，中國人不知道原來意義上的家是什麼。現在如果要恢復傳統文化，回歸中國精神，我們需要有這樣一個載體，可是以血緣關係組建的一個家很難再恢復了。怎麼辦？我們可以另謀出路，譬如說企業，一個團體它本身我們可以賦予它家的文化，家有四個要素，所謂家道、家風、家學、家業。家道是五倫之道，父子、兄弟、夫婦、君臣、朋友這五倫，人在這個家當中，在五倫關係裡我敦倫盡分，我能夠盡到我的義務，扮演好我的角色，所以家道是五倫之道，那麼這個家就會很和睦。

在企業中我們怎樣做才能恢復五倫之道？可以的。譬如說老闆在企業裡面他是領導者，領導者是君，員工是臣，君臣之道，除了君臣以外還有父母和兒女的關係，老闆對員工要像父母對兒女那樣去愛他們，關懷他們的生活，關懷他們的家庭，不是只是

用他們，而是要愛他們，造就他們。那麼員工就感恩老闆，所以對老闆就像兒女對父母那樣盡孝，這是君仁臣忠，那是從父慈子孝那裡演繹出來的。雖然沒有血緣的關係，但是這種愛也是一樣的。還有兄弟、夫婦，夫婦我們講內外結合，一般家裡面男主外女主內，有主外的，有主內的。主外的我們講公司要拓展業務，主內的管好公司行政管理，雙方密切配合，這就是義，這就是合作。還有朋友，五倫關係可以在一個企業當中去落實，當然除了企業之外任何團體都能落實，讓我們的家道可以去承傳下來。

家風是指中國精神，剛才歸納的十大類，簡單來講就是孝悌之風。家學傳統文化其實包括儒釋道三家，但是很可惜現在道家和佛家被誤認為是宗教，不知道它們是教育，所以我們只好在對外時只能講儒家，所以孔孟之學是家學。家業就是你這企業做的事業是什麼，那是利民的事情，如果它不是正當的事業我們不做，而要做利國利民的事業。所以在家這個架構當中，我們恢復家的文化，承傳中國的精神，這是企業家的使命。古人講的以孝治天下，這是聖治，你能以孝來治理企業，這也是聖治，聖治是無為而治。《論語》講的「為政以德」，你用你孝的德行來感化你的員工，感化你的這些同行們，你就能夠和諧企業。所以《孝經》中講：「聖人之教，不肅而成，其政不嚴而治，其所因者本也」。一個老闆他具有三重使命：「做之君，做之親，做之師」，君是領導者，親是父母，師是老師。老闆不僅要領導員工，還要愛員工，像父母愛兒女一樣，還要教他們，做他們的老師。怎麼做？最重要的是自己身教，身教之後才有言教。聖人之教，自己做到正己就化人了，所以不肅而成，不用很嚴肅、很嚴厲的手段就能夠成全教化，員工們都能夠非常合作，非常的忠心。到這個時候還需要用公司這麼多的管理條例嗎？那些都已經是多餘，因為人他能夠自我要求，其政不嚴而治，治就是穩定，

二、振興企業的中國精神

企業就和諧了。其所因者本也，因就是依據，依據什麼？依據根本，孝是德之本。

我認識一位企業家和他的家族，他是曲美家具公司的老闆，兄弟三人共同創業，他們姓趙，趙家。曲美家具可能有人聽說過，知道它在全國家具行業裡面是龍頭，在全國來講它有五百家的連鎖店，年銷售額有十億左右。這家兄弟三人從無到有，從小到大把這個企業發展起來，他們沒有上大學，自己還保留著農民的戶口，可是他們能夠請外國的設計師來為他們設計家具。他們三人二十多年來從沒在經營上產生過爭執，兄弟三人非常團結和睦，三人都非常孝順，小的時候家裡很窮，所以三個人都很倔強，艱苦奮鬥。賺了錢就把錢都交給自己的父母保管，一切都聽從父母安排，他們說因為他們堅持「三大紀律，八項注意」。這三大紀律是一切行動聽指揮，一切繳獲要歸公，不拿群眾一針一線，自己沒有私產，到現在還是這樣，公司都要上市了。三個人都娶了太太，三個媳婦對公公、婆婆都十分孝順，老太太在當中一坐，三個媳婦侍候在一旁，好像佘太君上堂一樣，他們的兒女都特別的孝順。

孝悌之風傳家，他們在家能夠這樣孝養父母，他這個孝心一到企業裡頭對待所有的員工就好像家人一樣，這家文化就產生了。跟著他很多年的那些老員工從來沒有說自己想要跳槽，就像家人，所以現在他們三大企業，每一個企業有員工一千人，企業的總經理是跟著他們做了二十多年的人，是誰？都是原來的木工，做家具的木工慢慢跟了二十多年成長，現在管理一千人的企業，給他們發展的機會。他們家裡的保母，小孩管她們叫姨，不能叫保母，這是家人。所以我們就想到現在居然還存有家文化內涵的企業，值得我們讚嘆。所以以孝悌之風來傳家，這個家就能永續經營。

剛才講到中國精神，家做為載體，而中國精神把它歸納總結就是一個字「孝」。我們如何來行孝？有三層涵義，第一孝養父母之身，第二孝養父母之心，第三孝養父母之志。養身是讓父母的身得到贍養、安樂，因為自己的身與父母的身本來是一體的，能愛自己的身，當然也就要愛父母的身，父母能為我們犧牲，那我們為什麼不能夠給父母做出這樣的奉獻？我們來看養父母之心志。養父母之心是講讓父母歡喜，父母對我們的期望，我們希望能夠做到。父母之志，他對我們的期望我們要盡力做到，只要這個期望是正確的。如果父母對我們沒有很高的期望，我們也應該以聖賢之志為志，立志做聖賢，這也是養父母之志。

回首十八年來走過的路，當然我也可以安慰的說母親對我的一些期許我已經實現了，譬如說拿到博士學位，譬如說當上教授，但是還有很多母親的希望我還沒實現，譬如說修身、齊家、治國、平天下，行中庸之道，這是聖賢之道。現在我已經三十七歲了，要做一番事業，到底是什麼事業？現在已經明瞭，這一生就是要做學習和弘揚聖賢教育的事業。我跟大家報告過我的資質並不高，但是一生奉行兩字箴言，我舅父曾經在我三十歲的時候寫給我一張賀卡，上面說道：「茂森唯一的優點就是聽話」。聽話的孩子有福，在家裡聽媽媽的話，在學校就聽老師的話，出外我們聽上司或長官的話，聽國家、聽人民的話。《弟子規》講的「父母呼，應勿緩」，說的不就是聽話嗎？

時間過得很快，讓我對今天的演講做個總結。我們的演講題目是──「振興企業的中國精神」。要復興中國精神，振興經濟，和諧社會，要抓住根本。我們的國家以人為本，我們的企業也是以人為本，而人以德為本，德以孝為本，這是我們中國精神的核心，所以說如果有人問你中國文化是什麼樣的文化？你可以簡單的回覆他是孝文化。孝這個概念只有中國人最清楚，在英

文裡面找不到一個專有名詞叫作孝，他們製造了一個詞叫Filial Piety，這是兒子的使命、兒子的責任、兒子的任務，但是總說不清楚孝的概念。中國人把我們天性的愛上升到理論的高度，為我們總結出一套明德和明明德的方法，那就是用孝，用孝來開啟我們愛心的寶庫。明朝的大儒王陽明先生說過：「商賈雖終日做買賣，不害其為聖賢」，商人、企業家能做聖賢嗎？當然能，每一個人都可以做聖賢。為什麼？首先我們要有信心，聖賢跟我本來是一樣的，我們的心性是平等的，我們的本性也是本善的、相同的，只是我們現在有這些障礙封閉住我們的本性，只要把障礙去除掉，我們的本性就顯現出來了。要恢復我們的中國精神，這是一樁利國利民的大好事，這個使命似乎現在落到了企業家的身上，在過去排名是士、農、工、商，士是讀書人，排在第一位，大家最尊重的是讀書人，因為讀書人有德行、有學問，是社會的榜樣。現在我們看到社會以企業家為榜樣，誰賺錢最多似乎就能做一個榜樣，這是一個現實。這就需要我們這些企業家們扛負起這樣一種使命，不是有錢就行了，有錢要有用。《大學》裡面講：「君子先慎乎德。有德此有人，有人此有土，有土此有財，有財此有用」，用來做什麼？用來回饋社會，用來帶領社會進步，因此要先慎乎德，「德者本也，財者末也」，我們要抓住根本，好好的修德，你該有的財一定會有。你有德了就會有人跟著你，有人就有土，土是我們說的資源，有了資源你就可以生財，生財不是最終的目的，目的是用，用來繼續提升你的德行，以財發身。所以最重要是德，德又是以孝為本，我們自己先做一個孝子，然後齊家，帶領我們的家人、我們企業的員工、我們的同事一起來做孝子，慢慢影響社區，影響社會，這就是和諧社會，和諧世界。孔子講過：「仁遠乎哉？我欲仁，斯仁至矣」。仁的境界很遙遠嗎？聖賢是不是離我們很遙遠？不是，「我欲仁，斯仁

至矣」，我想成聖賢，這不是求人，求人難，求自己何難？自己要做就一定做得到。怎麼做？盡孝，克己復禮，把我們的中國精神落實到我們的生活、行為、待人處事接物上，這樣你也能成為聖賢。

讓我用四句話結束今天的演講，讓我們把孝心獻給父母，把敬心獻給聖賢，把愛心獻給人民，把信心留給自己。謝謝大家。

二、振興企業的中國精神

三、百善孝為先

　　講到弘揚中華文化，構建和諧社會、和諧世界，共建我們民族共有的精神家園，能不能用最簡單的言語來表達中華民族精神，中華傳統文化的核心內涵？是可以的，簡單到就一個字，就是「孝」。

　　這個表達不是我在這創新，早在兩千五百年前，孔老夫子就這樣說過。

　　今天，我給大家報告的提綱是兩個部分。第一部分是為何稱「孝為百善之先」；第二部分，我們來講如何行孝。

◆ 第一部分　為何稱「孝為百善之先」

　　首先向大家解釋為何稱「孝為百善之先」。

　　這個善，百善不是一個數字，它是一個表法，說明所有的善都是以孝道為先，這個善需要歸納，我們可以用以下的六個方面來歸納。

　　第一是講人心和善；第二是身心和順；第三是家庭和樂；第四是民族和睦；第五是社會和諧；第六是世界和平。

　　可見，要有「和」我們才能得到「善」，如果是不和，善就很難得到。要怎麼樣才能夠得到這些和善，現在許多國家領導人提出和諧社會、和諧世界，這個理念在兩千五百年前，我們的老

祖宗就已經在討論。

我們翻開《孝經》，〈開宗明義章〉就講：「仲尼居，曾子侍。子曰：『先王有至德要道，以順天下，民用和睦，上下無怨。汝知之乎？』」

仲尼就是孔子，他在家中閒居，他的弟子曾子，在一旁侍奉，「仲尼居，曾子侍」，這六個字就把師生的那種情誼給勾勒出來。

這個學生是一位很聽話的學生，所以曾子後人稱他為「宗聖」。因為他真正能得孔老夫子心法的傳承。古代的師道建立在孝道的基礎上，我們看到二十四孝裡面，曾子是孝子，他對父母能盡孝，所以對老師就能夠至敬，尊師重道他就是好學生，就能夠得到聖賢的心法。

所以一部《孝經》是孔老夫子對曾子所宣說的。他不對別人，對曾子說，為什麼？因為曾子是孝子。

孔老夫子自己說：「吾志在《春秋》，行在《孝經》」，他的志向寫在《春秋》這部書裡，褒貶善惡。他的行為修養在《孝經》當中展現出來，你看開宗明義，孔老夫子就告訴曾子，古聖先王有至高的道德、重要的方法，來和諧社會、和諧世界；「以順天下」，讓天下人都和順，民族團結，沒有衝突，沒有對立，人民百姓和睦地生活，多種族、多宗教、多信仰的人群在一起，和和睦睦，和諧社會，在上位的領導者跟百姓沒有怨恨。

這樣的和諧社會如何構建？「汝知之乎？」孔老夫子問的這個問題非常重要。曾子聽到夫子這樣的發問，他當下的反應是「曾子避席曰」，古人是席地而坐，他原本是雙膝跪著坐在自己的腳後跟上面的一個坐法。聽到老師有這麼重要的發問，立刻就挺直身體，然後準備聽受老師的教誨。他說道：「參不敏，何足以知之」。曾子的名叫「參」，曾參，他對自己的稱呼稱名，這

是最謙虛的稱法，像我自己稱茂森，今天很榮幸跟大家在一起學習，這是謙虛。那麼自己謙虛，也就代表對老師的恭敬。曾子說：「我怎麼足以知道先王的至德要道呢？」你看看，這樣的一種謙虛恭敬的心態，這是受教的心態。

在座的很多都是教育界的老師，我本身也是老師，過去在美國讀完博士，曾經在德州大學肯薩斯州州立大學待過，後來又到澳洲昆士蘭大學，都教過書。在我們國內，在中山大學、北京大學、廈門大學，都有講過課。我相信在座的老師們，都有同感。班上學得好的同學，肯定是對老師尊敬的，他尊師才會重道。他如果對老師不恭敬，他的學習一般來說不會學得好。

我在美國教書時特別有體會，我是教碩士班，底下的同學有不少是中國來的留學生，往往每次考試考得最好的，都是華人、中國人。我就在想，是不是中國人比美國人要聰明。不見得，美國人腦子裡，他們想的東西，也是稀奇古怪的很多，中國人就想不出來。他們的頭腦也很聰明，那為什麼考試就考不過中國人。我後來想到了，中國學生還是有中華傳統文化的內涵，有孝道和師道。他對老師還是比較恭敬的，所以他有恭敬的心態，就能學得好。古德所謂「一分誠敬，得一分利益，十分誠敬，得十分利益。」

所以我們學習傳統文化，最重要的是首先要把心態擺正。否則大家坐在這裡，這幾個小時就浪費了。我們在這裡，用最誠敬的心，虛心向老祖宗學習，這樣你幾個小時就不會白過。

曾子聽到夫子給他講這句話，他立刻就有這樣恭敬的反應。尊師重道，這是我們中華民族精神當中一個重要的組成部分，孝道和師道，這兩個都是最重要的一個部分。曾子在這也不是故意講客氣話，說「我怎麼足以知之」。其實曾子他是大孝子，對孝道難道還不清楚嗎？他做得那麼好，為什麼說「何足以知之」？

我們仔細想一想，確實，孝的涵義不是那麼簡單的，夫子稱「孝道」是先王——就是古聖先賢的至德要道，能夠和諧世界，怎麼可能簡單？這個道理，真的只有聖人才能夠完全透徹、通達、明瞭。曾子是賢人，他沒有做到聖人，他所知道的，還是有缺陷。

所以做的方面，就做得不夠圓滿。傳統文化叫「知難行易」。知道的難，夫子在《論語》上講的，「知德者，鮮矣」，鮮，就是少，懂道德的人少，所以能把德行實踐出來的人就更少了，能夠知，才能夠行。有一分見地，才有一分行持。

夫子看到自己的學生這麼虛心受教，恨不得把自己平生所學和盤托出全給他，所以他講了一句，子曰：「夫孝，德之本也，教之所由生也。」這一句道出了古聖先王的至德要道，道出了和諧世界的法寶，就是孝。

大道至簡，最圓滿、最精深的道理原來是一個字就能說明——孝字。它是一切道德的根本。一切教育都從這裡出生，我們從事教育工作，這個是根本。我們要把學生教好，把我們下一代培養好，首先要在孝德上給他立定根基，才有將來可能的和諧社會，所以我在2006年6月份，那時候胡主席剛剛在兩會當中提出「八榮八恥」的理念，山西大同，有一次他們在構建社會主義新農村的專案上面，就請我去講了個課，我就結合孝道，來談談自己對「八榮八恥」的學習體會。

「八榮八恥」就是現代版的「八德」，古有八德，孝悌忠信禮義廉恥，這就是民族精神，現代版的八德，如果不是建立在孝德的基礎上，那是落實不了的，所以要落實社會主義的榮辱觀「八榮八恥」，必須我們要先做孝子，然後八榮八恥就很自然落實。這是「德之本，教之所由生也。」後來中央黨校的長官聽了我的講座光碟後，十分高興，就把這些光碟拿到黨校內部電視台去播放，同時還讓我又錄製了一個講得更詳細的講座，放到他們

黨校的網站上，供大家來參考。《弟子規》一開篇也這麼說：
「聖人訓，首孝悌」，所以今天我們中華傳統文化的學習第一課
就要從孝上講，這是符合聖人意思的。

　　我自幼就很幸運地得到好母親的教導，在剛剛會講話的時
候，母親就教我孝道的這些概念。唐朝孟郊的《遊子吟》，就是
我在還沒有學會講普通話之前就學會唸的一首詩，我是廣州人，
出生在廣州，一直到二十二歲大學畢業，才到美國留學的，所以
從小講廣州話，不會講普通話，我母親教我唸這首詩，足足教了
一個多月，才讓我能夠背，所以我從小的資質並不很高，我外祖
母有時候看到我媽媽對我那麼耐心的教導，她都在旁邊搖頭，覺
得這個孩子怎麼那麼笨。

　　這首詩我雖然唸了一個多月才背會，但是對我一生都有指導
的意義，這首詩談的是一個很簡單的生活畫面：

　　　慈母手中線，遊子身上衣。
　　　臨行密密縫，意恐遲遲歸。
　　　誰言寸草心，報得三春暉。

　　一個慈母要準備送遊子出行了，她給孩子密密的縫織衣服，
為什麼這樣密密的縫織衣服，因為心裡掛念著孩子出遠門，在外
面工作也好，留學也好，衣服要是破了會帶來很大的不方便，會
造成很多生活上的麻煩，所以母親就非常仔細地縫補。心裡就想
著孩子什麼時候趕緊回來，當完成學業了，完成事業了，趕緊衣
錦還鄉，別回來晚了，詩人就是用這樣簡單的一件生活小事把無
微不至的母愛表現得淋漓盡致，所以詩人感嘆道：「誰言寸草
心，報得三春暉」。兒女就像小草一樣享受著三春太陽的溫暖慢
慢的成長，有一天我們長大了，忽然想起我們之所以有今天，那

是因為三春太陽溫暖的撫育，於是就很想去報答。可是能報答得盡嗎？

我是獨生子，父母早年離異。我跟著母親相依為命，從小到大母親都非常細心地栽培我，上小學她就輔導我、鼓勵我，考上了廣州市最好的中學——華南師大附中，到了中學她又鼓勵我，考上了很好的大學，在廣州我是念中山大學。大學畢業的時候，她鼓勵我出國留學，我在大學學的是金融，到了美國，學的也是金融。

當我1995年二十二歲大學畢業，也很順利的銜接自費出國留學，我母親她送我走，她從小就常常對我講一些勵志的故事，講的最多的一個故事就是范仲淹。

范仲淹是宋朝的名相，他也是個單親的孩子，父親早死，母親改嫁到姓朱的人家，等范仲淹長大之後才知道自己原來不姓朱，而是姓范，跟朱家的子弟也不和，他們排擠他，他只好自己出來苦讀，到了破舊的書院裡面，他每天吃的是：煮一鍋粥，把它凍成塊，然後切成幾塊，配一點鹹菜，這也就是成語「斷齏畫粥」的由來。

頭五年，他晚上睡覺都衣不解帶，和衣而睡，第二天早上聞雞起舞苦讀，他在拜別自己母親的時候，跟母親說：「媽媽，請您等我十年。」

古人講：「十年寒窗，一舉成名」，他要考功名去了，等功成名就後回來接母親去奉養。因為孝心的推動，他於是非常努力的讀書，終於在八年之後考上進士，回來接他母親去奉養。我們知道范仲淹先生出將入相，為朝廷建功立業，有很大的成就，而且他對當時推動傳統文化也做了很大的貢獻，對於儒釋道這些傳統文化的推動他是不遺餘力。他的孩子范純仁，也繼承了父親的這種精神，范純仁也十分有德行、有學問，受到朝廷的賞識，當

范仲淹年老致仕，他幾個兒子都在家裡侍奉，朝廷邀請范純仁出來做官。普通人遇到這種情形，巴不得有這個機會，何況是皇帝有請，但范純仁他卻婉言謝絕了，只講了一句話，說「豈可重祿食而輕父母」，把孝養父母擺在第一位，把自己的事業功名擺在第二位。

所以范家孝悌傳家，從宋朝到民國八百年間長盛不衰，真的是「積善之家，必有餘慶」。所以母親常常以這些古聖先賢的故事教導我，讓我立志。這時候我也要出國留學了，也要成為一個遊子，到了美國，遠渡重洋，那邊沒有什麼親人，在路易西安那州理工大學讀書。

當時記得在美國的留學生活非常清苦，因為家裡並不富有，錢也不多。像冬天，當然沒有新疆這麼冷，但是也會下點小雪，不捨得買棉被，帶過去的一條毛毯蓋在身上不夠暖，把那些大衣什麼的都蓋在身上，還不夠暖，把書本都壓上來，不捨得開暖氣，我們八個中國留學生，在校園很遠的地方租了一個便宜的房子，越跟學校離得遠房子越便宜，冬天不開暖氣夏天不開空調，就為了省點錢。吃也很簡單，每次去超市買菜，搭一位台灣同學的便車，台灣人比我們大陸去的有錢，他也很好心，每個禮拜都帶我去超市買菜，我不是看菜的好壞，而是看菜價牌上寫的價格的高低，哪種最便宜就去買哪種菜，所以餐餐就是吃胡蘿蔔加高麗菜，或者高麗菜加胡蘿蔔。

那個時候吃素食，沒有想得這麼多，後來才知道，原來吃素食其實對身體有很好的健康作用，下午大家聽健康素食，就了解這個道理。

我當時因為學習成績還算不錯，學校還給我全額的獎學金，每個月可以有八百美金的補助，八百美金應該算是不錯的了，當時一美金兌八塊錢人民幣，六千四百塊錢一個月，我的生活應該

可以說過得還不錯，對一個學生來講，我當時生活的非常簡單，所以花費不多，每個月還能夠省下錢，給我父親寄一百美金，給我母親寄兩百美金，剩下的五百美金，就好像范仲淹斷虀畫粥，我再把它省一點，一年能夠省下一張機票費，從美國回廣州探親，再省一點，每個禮拜都可以給我父母打一次電話，節約下來電話費。

別的同學都笑我說，你什麼都省，就是打電話、買機票這個錢不省，四年省下來都能買部汽車了。但是我四年都是踩著自行車來上學。因為我是每個禮拜七天工作日，生活很單調，除了讀書還是讀書，總在學校的宿舍、圖書館、教室三點一線間行動，別人在週末假期都出去玩或者開party，而我都是在埋頭苦讀，所以每次在班上不管是學習成績還是考試都是第一名。

在四年當中完成了碩士和博士的全部課成，成為該校獲得碩士、博士學位最快速的學生。原來想的碩士大概要三年左右時間，博士大概還要四年左右的時間，加在一起是七年左右，所以預計七年完成，結果提早了。

在美國單調的生活當中，其實最愉快的就是給自己的父母寫家信。我寫家信的次數非常頻繁，我母親也常常給我回信、寫信，在信中不斷地鼓勵我、支持我。這些信件後來都保存了下來，現在裝在一個箱子裡頭，厚厚的一大疊，我們把它稱為「家庭文化箱」，作為長期保存。

因為有母親的鼓勵，我十分認真讀書，還給自己規定了「七不」，這七條戒律就是：

第一，不看電影電視；

第二，不逛商場；

第三，不留長頭髮；

第四，不穿奇裝異服；

第五，不亂花錢；

第六，不亂交朋友玩樂；

第七，不談戀愛。

有這「七不」防身，所以學習確實進展的很順利，也沒有什麼挫折，也沒有走什麼彎路，所以在四年當中就把碩士、博士學業完成了。完成之後最希望的當然就是能夠在美國找到大學教書的工作，因為我母親對我有這樣的期望，她的父親、我的外公原來是大學教授，所以我母親對教育特別的感興趣，特別的喜歡，所以她也希望自己的兒子將來做教授，她希望我念完博士之後就在大學教書。

我當時找工作的時候，就想找美國的大學，待遇也不錯，這是好工作。因此，就想請我的博士生導師為我寫推薦函。我的博士生導師是一位美國著名的經濟學者，在美國很多核心經濟學雜誌上發表過論文，發表的數量有一百五十篇論文之多，他是利比亞人，也是伊斯蘭教徒，我跟他緣分很深，跟他學習了四年。當時我就對他很敬仰，他對我要求非常嚴格，從來都不苟言笑，所以我就不太敢讓他給我寫推薦函，後來才在沒有其他辦法下硬著頭皮請他寫。

我自己也沒想到，導師竟把這四年裡沒對我稱讚過的話，全寫在推薦函裡。他說：「茂森是我二十五年學術生涯中所見到的最優秀的學生，他能夠在四年當中完成七年的學業，能夠發表八篇論文，這個成績已經相當於美國大學中，一般普通大學資深教授的成績了。」

由於他這封推薦函，我找工作就易如反掌了，還沒畢業，就有兩家大學向我發出了邀請，聘請我去做他們大學的助理教授，當時是1999年，我二十六歲，有點喜出望外。

這讓我想起孟老夫子曾經講過的一句話：「生於憂患，死

於安樂」，假如我經濟條件很好，生活很安逸，或許沒有辦法那麼快畢業，也就沒能那麼順利地找到好工作。人正是在這種清苦的、憂患的生活環境當中，才能夠砥礪自己的志向。我想這也是我們中華民族精神的一部分。

我得到這個好消息的第一件事就是趕回廣州，邀請我的母親到美國來，參加我的博士班畢業典禮。這回我有工作了，薪資也不錯，所以可以接我母親到美國去奉養。我母親非常高興來參加我的博士班畢業典禮。我自己想一想，我的智商並不算很高，我外祖母都嫌我太笨了，各方面的關係也沒有，何以有這樣的幸運，人家都覺得你年輕有為，其實並不是我們有什麼聰明智慧。如果說有一點點資本，或許就是有一顆孝敬父母的心。

古人曾講：「水有源，木有本，父母者，人子之本源也。」樹木的根本那是樹木賴以長存的根本，水的源頭，也是能夠讓水源遠流長的根本，為人子，我們在座的都是為人子的，要想在你的事業上、你的工作上有一定的成績，別忘了這個根本。

後來，我在美國大學教書，一開始就被分派到碩士班上課，每年都寫了不少的論文，在美國核心的金融學術雜誌上發表，所以美國政府，當時特別批准發給我優秀傑出教授與科研人才的綠卡。而後，我是跟著我們傳統文化的老師從美國到了澳洲，在澳洲昆士蘭大學任教，這所大學也是在澳洲排名前八位的優秀大學，它的工商管理碩士班與商學院的學術水準在全澳是名列第一的。

剛才我們說到的和諧社會，《孝經》上講的先王之至德要道，我們自己在學習和力行當中確實能體驗到，所以對孝道有這種認同。二十四孝大家都很了解，第一個故事就是講舜王，時間發生在四千五百年前，當時的舜也是一個我們現在講的所謂單親家庭中的孩子。他的母親早逝，父親又娶了後母，後母虐待他，

曾經多次想把他置之於死地，但是舜仍然非常孝順。舜的父親叫「瞽叟」，他十分很糊塗，有一次竟聽從他後母的慫恿，想把舜活埋在井裡頭。他叫舜下井去工作，然後乘機想把舜活埋，幸虧舜早有防備，他在井裡頭挖了條暗道，逃出去了。回到家裡後，他不僅對此事隻字不提，也沒有對父母有任何的怨言，連怨恨心都沒有，他這樣純孝的心感動了鄰里鄉黨，感動了當時的帝王堯，堯是天子，他看到自己的國家中竟然有這樣的大孝子，忠臣出於孝子之門，就下定決心一定要請他出來做官，為國家服務。而且把自己的兩個女兒都嫁給他，讓自己的九個兒子跟他做朋友，當然，這樣的舉動也存有觀察他品行的意思，看他是不是真的具有德行，結果發現舜真的是一位厚德之人。所以最後將自己的王位禪讓給舜，堯舜禹都是禪讓的帝位。

鍾博士談：中華傳統文化價值觀

舜做了天子之後，還是用這顆純孝的心對待天下百姓，以孝治天下，當時天下和睦。《孝經》開宗明義地講到：「以順天下，民用和睦，上下無怨」，舜當時做到了。孔子稱之為「大同盛世」，堯舜禹那時是大同，天下為公。到了禹的兒子啟，開始建立夏朝，帝位的傳承方式就變成世襲制，而不是禪讓，就變成家天下了，所以夏商周那時候稱為小康，大同是指堯舜禹時期。我們可以看到，舜當時能夠成就成功的事業，他是帝王，王天下，他的人生非常幸福，兩個妻子非常的賢慧，跟著舜一起在家侍奉公公婆婆，感動了父母，甚至因此感化了天下，構建和諧社會，他所行的就是孝行。所以《禮記·中庸》篇，孔子這樣評價舜，子曰：「舜其大孝也歟？德為聖人，尊為天子，富有四海之內，宗廟享之，子孫保之。」舜真是大孝，他的孝為什麼稱為大孝？因為他的心所包容的是整個天下，不僅對自己的父母盡孝，而且對天下人盡孝，這種孝心就叫大孝了。如果只對自己的父母孝順，那只能叫小孝，心量小，對全天下百姓，那是大孝。這個

孝心是一致的，對父母如此，對天下人也如此，一切男子是我父，一切女人是我母，這個德就是聖人的德。有其德必有其位，所以成為最尊貴的天子。富有四海，普天之下莫非王土。「宗廟享之」，是後代子孫祭祀他、紀念他，子孫保有他的家業。

　　所以現在我們翻開《百家姓》，很多姓氏追根溯源都是舜的子孫。能夠有這樣的厚德，才有這樣長久的子孫後代。一個企業也是如此，一個企業的老闆，他有厚德才能讓企業長盛不衰，如果沒有德作為根本，那這個企業不可能長久。過去我們不叫企業，叫家業。中國歷史上最長久的企業、家族企業，是山東牟氏莊園，從清朝初年一直到建國之前，有三百五十六年的歷史，這樣一個長久的企業為什麼可以傳承這麼久？這是因為這個家族過去的家長都是厚德之人，常常拿自己的錢財去佈施，天天都去施粥捨飯、救濟窮人、興辦教育，且嚴格教育自己的子女，不能夠出紈褲子弟，才有這種厚德。所以有百世之德者，必有百世子孫保之。我們中華民族的老祖宗都是聖人，聖人的德行深厚，才可以使中華民族綿延五千年到現在還是長盛不衰，我們之所以有今天，要感恩我們的老祖宗。

　　因此，又回到《孝經》裡面，孔老夫子跟曾子的對話，曾子聽到孔老夫子講了很多孝的道理，我在此省略了，《孝經》我曾經講過幾遍，有詳講的，有略講的，好像現在書也出版了，大家如果有興趣，可以拿來看一看，網上也有這樣的光碟，都是免費的，你們可以自由去下載。

　　曾子聽到夫子講孝的涵義，非常讚嘆地說：「甚哉，孝之大也」，孝太好了，太偉大了，這個大不是大小對待那個大，有大有小那個大是相對的，不是真正的大。這裡指的是沒有大小相對的絕對的偉大。為什麼？因為孝是人性的性德，夫子在這跟我們講：「夫孝，天之經也，地之義也，民之行也」。用簡單的話來

講，是天經地義之事。天之德是仁愛，好生萬物，地的德是厚德載物，能包容，能夠養育萬物。因此，我們人如果能效法天地之德，也用我們的仁愛包容，用廣大的心對一切天下人，這是民之行，民就是人，這個人指聖人之行。所以我們看這個孝字，中國文字確實是我們華夏祖先創建發明、留給我們後人的一個最好的瑰寶，它是智慧的符號，一般講文字的構成有「六書」，「孝」屬於會意，看到這個字就體會其意思，意思全在這個字的形象上表現出來了，上面一個「老」字頭，下面一個「子」字底，講的是什麼，老一代跟子一代合成一體，這叫孝，即父母跟我們兒女是一體，如果說現在講的有代溝了，那就不孝了，就是老一代和子一代分開了，哪有孝，孝是沒有代溝，沒有隔閡，完全是一體，不僅說我們親生的父母跟我們是一體，父母之上還有父母，一直追溯到最原始的堯、舜、禹、湯，再往上是炎帝、黃帝，再往上是伏羲，再往上歷史就沒有記載了，但是肯定會有，都和我們是一體的，所以他們讓我們流傳下來的文化遺產我們要去繼承，要孝養老祖宗之志。我們現在國家提倡弘揚中華文化，建設民族共有精神家園，這是孝，讓我們華夏先祖的法脈、血脈得以延傳下去。

我們有這個使命，承先啟後，繼往開來，要把中華老祖宗的文化道德精神傳下去，首先自己要繼承，自己要做到，才稱得上是一個中國人。這是一個偉大的稱號，我們要擔當得起，所以我們要往下傳承，教育好我們的下一代，否則我們中華的家道、家風、家學、家業誰去傳承？不能讓我們老祖宗的民族精神文化斷在我們手裡，那我們就是大不孝了。

所以我非常讚賞自治區教育廳、工商聯的官員們能夠誠心組織學習傳統文化，這是大孝。那麼子一代下還有子一代，一直綿延下去，過去無始，未來無終，都是一體的，這叫孝。這是從時

間的層面上來講，從空間的層面上來講，我們現在所有的人、所有的眾生，全都和老祖宗是一體的，全都跟未來所有的後代是一體的，現在的我們也是一體的，整個時空、整個宇宙跟我們是一體的，你若有這個境界就叫聖人。

所以《孟子》講：「堯舜之道，孝悌而已矣」。曾子聽到夫子講了這麼深刻的涵義，所以他又問了，這是代我們發問。「敢問聖人之德，無以加於孝乎」。既然是這麼深刻的內涵，聖人的德行還能夠有超過孝道的嗎？換句話說，是不是做到孝就是聖人了？夫子怎麼回答呢？他說：「天地之性，人為貴。人之行，莫大於孝」。

「夫聖人之德，又何以加於孝乎。」「天地之性」的「性」，是當「生」字講，天地所生的萬物，人為最貴，為什麼呢？因為唯有人才能夠把天地之德實踐出來，這個德就是孝，「人之行，莫大於孝。」聖人之德，《中庸》講：「與日月合其明」，跟天地合為一體，所以他的德怎麼可能夠超過孝呢？因此，今天早上第一個小時，我們很簡單的把為什麼說孝為百善之先，跟大家做了彙報，實際上真正把孝德落實了，你就能得到身心和諧，得到幸福的人生與成功的事業，並且能夠對和諧社會、和諧世界，乃至為萬世開太平都能夠做出貢獻。

◆ 第二部分　為人子女如何行孝

我們還是回歸到老祖宗的教誨，要深信老祖宗都是聖人，他們已經證得自己圓滿本善的本性。所以他們的教誨都是本性中自然的流露，我們現在講的真理是絕對正確的。《孝經》上教我們如何行孝，講了三個層次，孔子講：「夫孝，始於事親，中於事君，終於立身。」事親就是侍奉父母、事君，古代是君主時代，君就代表國家，代表人民的利益。現在已經不是君主，而是民主

時代了，人民當家作主，所以對事君我們要賦予現代的意義，也就是為國家、為人民服務，這就叫事君。「終於立身」，這個立身是講立身行道、成聖成賢，做聖人若達到了究竟圓滿的境界後，那就是最終極的孝道。所以行孝行到最極致，到圓滿的境界就是聖人。我們就這三個層次，給大家做一個講解。

一、事親

首先，事親，如何事親，《孝經・紀孝行章第十》有這麼一段話，把孝敬自己的父母親，分為五個方面，「孝子之事親也，居則致其敬，養則致其樂，病則致其憂，喪則致其哀，祭則致其嚴。五者備矣，然後能事親。」我們就這五方面，一一為大家進行講解。

（一）居則致其敬

第一，「居則致其敬」，居是居家，跟父母在一起，我們要對父母恭敬。恭敬是真實的孝養。很多人可能以為孝順父母就是給點錢，有錢買個好房子，請個傭人，能夠讓父母衣食無憂，這就是盡孝。其實這種對孝的理解是很膚淺的。

有一年母親節前夕，我看到《廣州日報》，記者採訪了一些母親跟他們的孩子們，問這些孩子，母親節快到了，你們要如何孝養母親呢？這些孩子很多都是已經有相當成就的企業家了，這些人都說：「我要賺大錢，替父母買洋房名車，給母親盡孝。」可是聽聽這些母親的心聲，沒有一個人要求孩子這麼做，反倒很多人是這樣說的：「我希望自己的兒子別那麼忙了，母親節也能陪我吃頓午飯。」

你看這些母親就這麼一點極小的要求，但是兒女未必能做得到，為什麼？還是對父母的恭敬心不足。在《論語》裡面我們看

到有這麼一段，子游問孝。子游是孔老夫子的學生，他問孝道的涵義，孔子回答說：「子曰，今之孝者，是謂能養，至於犬馬，皆能有養，不敬，何以別乎？」這段話就是在影射我們現代人，我們自己想想我們是不是這個想法。今之孝者，今天我們以為盡孝就是能奉養父母。奉養父母的身就是盡孝？不是的，孔老夫子講，至於犬馬，養狗、養馬都也是養。養狗、養馬跟養父母有什麼區別，區別就在這個「敬」字。如果不敬父母，只養他的身，那何以別乎？就沒什麼區別了，所以養父母一定要致其敬。

我們家裡有一個傳統，就是母親常常帶著我和她自己兄弟姊妹的孩子們，每逢過年過節或外祖父、外祖母的生日，都帶著孩子們一起為老人家獻上詩，獻上節目，讓老人家開心。

我把這個傳統繼承下來，所以每到節日的時候，就會寫一些感恩的話語，奉獻給自己的母親。

在孩子去思考自己父母生養教育自己的恩德的時候，孝心已經在慢慢地培養起來。我不僅對母親是這麼做，對我的父親也是如此，雖然我父親後來離開了，自己成立了自己的家庭，我依然也是這麼做的。我父親他曾經參過軍，在上海、廣東和甘肅都工作過，在我十七歲那年，父親生日，我給父親填了一首詞，是《念奴嬌‧子承父志》：

輾轉北南，冒風雨，
為國重任勇擔，
半生辛苦，鬢已蒼，
熬盡人世艱難。
少小淒涼，年長從戰，踏遍滬粵甘，
保家建國，安圖名利保暖？
曾憶窗前月下，諄諄育愛子，哪記冬伏？

逝者飛速，轉瞬間，健兒已代小犢，

子承父志，豈懼寒窗苦，願仿鴻鵠，

恩深難報，唯獻鮮英一束。

雖然我父親他脾氣不是很好，很多人也曾經跟我講，說你父親怎麼怎麼樣，因為父母離異，一般人都會認為，孩子是最受傷害的，會影響到孩子身心各方面的成長，甚至是孩子的心靈也可能會受到了扭曲。但是我自己很慶幸，雖然我生長在這樣一個家庭裡面，但是我的心靈沒有被扭曲，不僅很正常，而且很有進取的心，這真要感恩中華傳統的文化教育我，感恩母親對我的家庭教育，感恩孝道的培養。所以我對父親從不去說他的不是。

古人也講：「天下無不是的父母。」你看舜，他眼中沒有看到他父母的不是，只是無時無刻不反省自己，為什麼我做的不夠好，讓自己的父母這樣對待我。何況父親現在其實對我非常的好。他身體雖然有病，曾經得過腦瘤，但是我一直照顧他，工作以後我一直贍養他，而且贍養他後來成家之後的夫人，現在他們都是老人了。所以「居則致其敬」，無論父母怎麼樣，我們都不應該看父母的不是，只有看父母的好處，念父母的恩德，這就是孝道。

（二）養則致其樂

事親方面的第二個要點，是「養則致其樂」。

養父母一定要讓父母開心歡樂，這個「養」意思也很深，一般說來分成三個層次，養父母之身、養父母之心、養父母之志，這一層比一層要提升。剛才講的，養父母之身，這是最基本的，動物都能做到，烏鴉都懂得反哺，小羊也懂得跪乳，所以養父母之身，所有的動物牠都能做到，如果人都做不到，那麼說句不客

氣的話，連畜生都不如。可是養父母之身本身不能算是盡孝，還要養心，讓父母歡喜，讓父母得到安慰，還要養志，父母的志向我們要成就。

　　我在工作以後就主動贍養我的爺爺奶奶，他們現在還健在，我爺爺今年九十三歲了，我奶奶九十歲了。前幾年他們都是在廣州的郊縣農村，一生都是農民，前幾年，因為他們的屋子很老舊了，要拆了重建，所以我就為他們在廣州買了一棟房子，三房一廳，然後請了一個傭人來照顧他們的生活，老人家也都很歡喜。可是光是養身當然還不足，養心更為重要。

　　《論語》當中，孔子教我們，君子有三戒，一生當中要嚴守這三戒，「少之時，血氣未定，戒之在色。」到了「及其壯也」，到中年了，「血氣方剛，戒之在鬥」，不要跟人爭鬥。到了晚年，「血氣既衰，戒之在得」，不要貪取，要放下了。少年血氣還未定，戒色很重要，這個色是男女之色，現在看到大學裡，乃至中學，甚至小學，談戀愛的風氣非常的普遍，我相信在座的諸位教育界的老師們，你們可能已經有很深的感受，比起我們這一輩，我現在是三十七歲，我在讀中學、大學的時候，跟現在比起來，那風氣就不一樣。我們的長輩，像我母親、我的舅父、姨媽這一輩人，他們以前讀大學時，大學嚴令不准談戀愛，一談戀愛就退學，所以這個風氣就不一樣。這種風氣對孩子的成長確實能帶來好處，這是孔子教導我們「戒之在色」的用意。我母親跟我講：「你上大學一定要注意，不談戀愛，談戀愛就分心，你的學業就不能完成的很好，你將來出國留學的志向，就不能夠實現。」

　　《弟子規》上講：「親所好，力為具，親所惡，謹為去」，又說到：「身有傷，貽親憂，德有傷，貽親羞」。比如年輕的女孩，未婚先孕，去墮胎了，身有傷，墮一次胎對身體的傷害是很

大的，如果是男女關係上沒有注意到，特別是如果對待自己身體的態度很隨便，將來的身體就會出毛病，女子會罹患各式各樣的婦科病。我們看到很多這種醫院的照片，中年男士有許多截肢的案例，為什麼？因為肝腎不足了，腎氣虧損，他的血氣不通，甚至可能到截肢的程度，女子也有這種情形，這是種叫作壞疽的病，所以「身有傷，貽親憂」，那德也有傷了，貽親羞。

我在這裡給大家舉一個自己大學時代的例子。當然很多年輕人也會面臨這樣的考驗，我在大學裡也算一個活躍份子，功課也還不錯，我在中山大學念書，同時在學校裡擔任經濟學社的社長，這是個學生社團，有七百人左右的成員，似乎因此就有很多人對我感到很敬佩，後來遇到一位比我低一年級的女生，就相處得不錯，感情越來越親密了。

後來我母親發現這個問題，跟我進行了一場非常嚴肅的談話，她跟我講了三條意見。第一個，讀書期間就是讀書，這是她後來寫下來給我的，讀書期間就是讀書，不談戀愛，完成道德、完成學業，是大道理也是至理，其他放在腳下。第二，如果現在談戀愛，一定會分心，會影響學業、影響功課。第三，讀聖賢書要學以致用，格物致知，要把理智放在感情之上，革除欲望，不為男女之情所纏縛，專心致志完成學業。

《大學》出自《禮記》，也是「四書」中的一篇，就講到「格物致知，誠意正心，修身齊家治國平天下」。朱熹所謂的八目，是格物最簡單的說法。「物」是物欲，「格」是格鬥，跟物欲格鬥，也就是說把物欲革除掉。朱子所謂的「存天理，滅人欲」，就是要把欲望降到最低的程度，這才能讓你理智，你的天性得以彰顯。這可不是談玄說妙的，學傳統文化最重要的就是實踐，「父母呼，應勿緩，父母命，行勿懶」，母親這樣交代了，自己能不能放得下？我經過一番思想衝突，最後決定把她的照片

退還給她，劃清界限，不再跟她過密的交往，後來就因為把心專注在學業上，所以能夠很順利的一畢業就出國留學，大學一畢業就立刻考取了美國大學的碩士，讀碩士研究生。

所以孟子說：「不順乎親，不可以為子，」養親，養身容易養心難。你能夠讓父母衣食無憂，但是你能不能夠讓父母歡喜？你能不能夠採取父母正確的建議，把自己的感情欲望真的放下？我很感恩母親，她敦促我放下了男女之情的纏縛。

在美國，剛才跟大家提到了七不，最後一條，大家記得嗎？不談戀愛，所以學業確實進展的非常順利。真的，其實你學業也好，事業也好，你要能夠快速的成就，最重要的一個關鍵就是專心，制心一處，無事不辦，你的心專注了，你就很容易能獲得就。

《三字經》上講：「教之道，貴以專」，那個「專」第一個是專心，專注在你的這個行業上，另外當然也包括我們的學業，我們專注在一門，像我讀金融，我就專注在一門上，做專家，這樣一來就容易快速的達成目標。所以當我博士班畢業之後，就獲得了美國大學助理教授的職位，之後又到了澳洲昆士蘭大學，很快就升了副教授，得到終生的教職，甚至學校還預先給了我承諾，就是他已經預先答應我，兩年之後資歷夠了就將我升為教授。回想過去和今天，真的是感恩母親的教誨培育，所以有一年我母親生日，我寫了一張賀卡，寫了這一句話說：

我原本是一塊粗劣的碑石，而您正是一位智慧的雕塑家！

這「養則致其樂」，養身還要養心，更重要的則是養志，母親希望你當博士、當教授，這是世間的善願，你能不能夠去實現？

（三）病則致其憂

第三條事親方面的要點講「病則致其憂」。

父母有病的時候，孝子當然是憂心忡忡，他腦子裡想的就是如何將父母的病治好，讓父母迅速的康復。

在2004年中國評出了十大孝子，其中有一位叫戴永勝，這位是山東的一位農民，二十七歲，在山東菏澤做煤礦工人，那時家庭經濟，他的經濟狀況是很拮据的，他的母親又患了癌症，所以當他看到母親因為癌症的折磨很痛苦，心裡就很難過，特別是醫院的醫生已經宣布他母親的癌症已經是晚期，不能再治好了，戴永勝就非常的心痛，他立志一定要把母親的病治好，所以，既然西醫已經沒有辦法醫治了，他就在民間遍尋中醫，去找那些家傳的古方，來給他母親治病。

他曾經徒步走了九個省，因為他的經濟狀況並不好，為了省錢，很多都是靠走路，走了九個省去尋醫找藥，他找了總共一百五十多個治癌的藥方，可以說他自己都已經是治癌的專家了，每天就給母親煎藥，餵母親喝，結果半年之後，他母親的身體康復很多，去醫院一檢查，醫生驚奇的發現癌細胞已經萎縮了70%，竟然好了七成，他們嘆為觀止，稱這是醫學史上的奇蹟。後來他母親基本上已經康復了，可以下地工作。

我們不禁要問，何以戴永勝能夠把已經病危的病人、沒救的病人治好？他用什麼來治，是不是他那些藥方就一定管用？如果管用早就應該提出來，給國防科委、中國的中醫藥學院他們來研發，但是那些藥方對另外的人未必有那麼好的效果。

《孝經》的感應章第十六裡曾講到：「孝悌之至，通於神明，光於四海，無所不通。」我們看了覺得有點神奇，其實這是孝悌到了極點，孝心到了真純、圓滿的境界時，就通於神明，就產生奇蹟了；「光於四海」，讓四海都能夠受到他的教化，無所

不通，所以孝子用孝心來感通。

實際上這個也有科學的根據，日本有一位專門研究水的科學家江本勝博士，他這二十多年專門研究水結晶，他怎麼研究？他看看人的心念、人的語言能不能對水產生影響，就是心理能不能影響物質。結果他發現，心理真的會影響水結晶的結構。比如說，他裝了兩個試管的水，同樣的水，在一個試管上貼上一個標籤，上面寫著「真噁心，討厭」這種鄙視、嫌棄的話，結果水結晶的圖案就非常難看，成不了結晶；另外一個試管的標籤上則寫著「愛，感謝」等溫暖而充滿愛意的言語，也同樣對著水，然後在零下五度時它結晶了，用顯微鏡去觀察它，它的結晶就很漂亮，這證明了什麼？心念真的能夠影響物質，心是有能量的，它能夠改變物質的結構。那我們回頭想一想，這位孝子戴永勝，他用什麼心來給他母親煎藥熬藥？是孝心，孝心這種善意，我相信如果這些水讓江本勝博士去觀察一下，它的結晶一定也很美。

要知道人身體的70%是水，水要是好了，那你的身體肯定能好，所以身體能夠治好一點也不奇怪，也不是什麼神技，真的有科學的理論作支持，我自己也有過這樣的親身體驗。

我的父親在2001年初，就是整整十年之前，他就患了腦瘤，而且是惡性的。當時我在美國大學教書，我父親住在廣州，我為此從美國飛回來，在廣州市找了最好的腦外科醫生，一位五十多歲，很有經驗的腦外科醫生，給父親做手術，切除腦瘤。當時我就鼓勵他，一定要用最好的心態迎接考驗，這是生命中的考驗，我就為他祈禱。

日本江本勝博士發現，祈禱也確實能對水結晶產生很好的影響，所以父親手術期間，我從頭到尾都在祈禱，祈求他能夠手術順利，早日康復。手術結束後，醫生告訴我手術很順利，本來時間應該是很長的，結果只用了四個小時，提前完成。醫生拿著

他切下來的腦瘤給我看，這是很不容易的手術，他是在腦室的中部，長了一個瘤，醫生把它切開來。

做完手術後，我私下請問醫生，像我父親這樣的病，他的壽命還能有多久，醫生沉默了半晌，對我說：「根據我的經驗，他最多不會超過三年，因為這種腦瘤是可能復發的，惡性腫瘤」。我當時心裡就非常沉重，但是我鼓勵我父親，我們現在得了這樣的病，你就好好的在家裡面靜修，學習傳統文化，你就以正面、樂觀的心態對待你自己的病，而且我不斷的給他一些學習的資料，我也每天都跟他講，鼓勵他，結果從2001年到現在，整整十年過去，他現在身體還是很好，而且還有越來越好的氣象，現在能走路能說話，手腳各方面都很正常的樣子。因為他腦神經曾經受到壓迫過，所以只是腳稍微有點不靈便，僅此而已，走路還行。

去年年初，我跟他在家裡一起過年，結果他因為氣候變化，穿衣服各方面沒注意就得了重感冒，感冒後來轉成肺炎，每天晚上咳得很厲害，當時我在家裡照顧他，心裡很難過，因為他一個人整夜整夜地咳，十分難受，帶他去醫院住院、掛點滴都沒效果。

我就對天祈禱，發了個願說：我願意代我父親受這個病苦！這個願是很真誠的，希望我父親的病早點康復，我寧願讓他的病轉到我身上，別人覺得這是一個很弱智的想法，但是當時我就這麼想的，結果奇蹟真的出現了，第二天我就得了肺炎，也是晚上咳，但是兩天之內我爸爸就沒有再用西醫的點滴，也沒有吃西藥了，就吃了點中藥，兩天後肺炎就好了，他病好了，我也病好了。這件事讓我突然有了些領悟，我領悟到什麼，這個孝字，我們前面講的，老一代和子一代是一體的，父母跟自己真的是一體的，父母身上有病就是自己身上有病，所以你願意代受，你願意

幫助他，病則致其憂，這個致，你看事親五致，每個項目都有個致，「居則致其敬，養則致其樂，病則致其憂，喪則致其哀，祭則致其嚴」，這個致是什麼，就是盡心盡力，沒有一點虛偽，沒有一點造作，完全是發自內心地去做，就會像剛才《孝經》上講的感應，至誠感通。

　　所以當時我因為理解了這個，我就又一次祈禱，因為聖人告訴我們，普天之下都是我們的父母，所有父母的疾苦不就是我們自己身上的疾苦嗎？要把這個孝心擴大，擴大到整個天下，那麼整個天下的人都是我的父母，擴大到整個宇宙，整個宇宙的一切眾生都是我的父母。所以我也就發了願，說我願意代天下一切父母，代他們受疾苦，所以我自己盡心盡力的來學習落實傳統文化教育，自己要學做聖賢，然後才有這個能力，才有這個智慧幫助普天之下的父母！

（四）喪則致其哀

　　事親第四，是「喪則致其哀」，《弟子規》上講：「喪三年，常悲咽，居處變，酒肉絕。」

　　父母總有離開我們的一天，父母離開的時候，孝子一定非常悲痛、難過，恨自己沒有能夠在父母生前對父母做得更好，去盡孝，所以父母現在不在了，「樹欲靜而風不止，子欲養而親不待」，因為有這種悲痛，甚至三年當中常常悲咽，常常懷念父母，古人講的守喪三年，你要看《禮記》，它這三年是講頭尾三年，二十五個月，「居處變」，三年當中你不能夠在生活中有任何享受，夫妻要分房，甚至孝子還要到父母墓前守靈，「酒肉絕」，不能吃酒肉，一切口腹之欲的享受必須都放下，盡自己對父母的孝思。

　　我的外祖母在1994年去世，享年八十四歲，我母親是孝女，

她在我外祖母生前常常用各種的方式讓外祖母歡喜，我外祖母最後去世的時候，因為外祖母信仰佛教，她是唸佛走的，我就跟著母親在旁邊守候，為她做臨終的關懷，她走了之後，我們按照她的遺囑，把她剩下的所有衣物錢財統統拿去佈施，拿去做慈善的事業，賑災、救貧、捐印傳統文化的善書等等，我和母親也就從她走的時候開始發心吃素，這就是「酒肉絕」了，一直吃到現在，整整十七年的時間，結果我母親身體非常健康，吃素真的健康，所以她後來退休之後，有時候回去自己原公司，見見自己的上司同事，他們看到我母親後都很驚訝，「妳怎麼在退休之後還這麼年輕」，頭髮都是烏黑的，而且沒有染過，牙齒都是自己的，身體很健康，就問她健康的祕訣是什麼，母親告訴他們兩條：一個心要清靜，不要想的那麼多，把妄想放下，第二個，身也要清靜，最重要的就是吃素，你要有健康的作息規律，早起早睡，多注意運動，身心清靜，如此一來，你就健康了。

《孟子》講：「君子遠庖廚」，為什麼，在廚房裡面，不忍心見殺害那些畜生的場面，不忍心聽到那些動物被宰殺時的那種哭喊叫聲，所以保全自己的惻隱之心，儒家講：「惻隱之心，仁之端也」，你要做一個仁人，一定要保全你的惻隱之心，所以吃素對你的身體健康有好處，對保全你的仁愛心、惻隱心有好處，何樂而不為，更何況現在聯合國都已經在呼籲，我們應該要吃素了，要環保了。

我看過一則報導，好像是說，養活一個吃肉的人，對地球資源的耗費量，相當於養活四十個吃素的人，吃素環保，減少二氧化碳的排放量，這對地球都有好處，何樂而不為。

所以《弟子規》上講「酒肉絕」，最好是我們現在就能夠做到，對身心都有好處，我們是從外祖母過世之後開始進行的，從1994年持續到現在。

（五）祭則致其嚴

第五，這方面是講「祭則致其嚴」。祭祀很重要，《弟子規》上講：「喪盡禮，祭盡誠，事死者，如事生」，對父母的那種孝心要一直延續到父母過世之後都不改變。

生盡孝事，死盡孝思。曾子在《論語》裡面講：「慎終追遠，民德歸厚矣。」所以要和諧社會、和諧家庭，祭祀是很重要的孝道教育活動，它不是迷信，也不是崇拜祖先，為了得到祖先保佑之類的說法，那是屬於迷信，真正的是什麼，是養自己的孝思孝行。

我爺爺這一點做的最令我佩服，他一生都堅持祭祖，他的教育水準並不高，唯讀過小學三年級，一生都是農民，現在九十三歲了，身體還算不錯，享晚年福。我就想到他的這個福，主要就是來自他有孝行。雖然他的父親，也就是我的太爺，在我爺爺十五歲的時候就去世了，父母雙亡，可是我爺爺一生，每逢祭祀的日子，像清明、中元，還有冬至，這都是傳統祭祀的日子，都去拜祖，去掃墓。

所以我從小就有很深的印象，一到那時候就帶著鋤頭跟著爺爺還有我們家裡的人，我父親、叔叔等等，都上山去掃墓，去把墳整一整，鋤鋤草，拜一拜，其實這就是孝道的培養。

如果家庭裡有這種孝道的家風，孩子經過潛移默化他就能成為孝子。在他心目中永遠沒見過面的祖宗都不能忘，眼前的父母怎麼能夠不盡孝？所以祭祀這個活動能幫人盡人倫，敦睦家族的和睦，這是值得提倡的。

事親，我們剛才講到的五致，簡單介紹到這，實際上你翻開《弟子規》，你看看第一篇〈入則孝〉，就是告訴你事親五致，「居則致其敬」就是「父母呼，應勿緩，父母命，行勿懶。父母教，須敬聽，父母責，須順承」。這就是「居則致其敬」，對父

母致敬。「養則致其樂」就是「冬則溫，夏則凊，晨則省，昏則定」一直到「諫不入，悅復諫，號泣隨，撻無怨」，這一大段就教你怎麼落實「養則致其樂」，你做到了就能「養則致其樂」。第三「病則致其憂」，就是《弟子規》上講的「親有疾，藥先嘗，晝夜侍，不離床」，「喪則致其哀」就是「喪三年，常悲咽，居處變，酒肉絕。喪盡禮」。第五「祭則致其嚴」就是「祭盡誠，事死者，如事生」。整篇〈入則孝〉就是按照《孝經》上面的五致來排列。所以〈弟子規・入則孝〉整篇是告訴我們如何去落實事親，這是基礎。有了這個基礎，才能談到事君，第二個層次的孝道。

二、事君

事君就是剛才講到的，用現代話來講就是服務國家和人民，八榮八恥頭兩條，以熱愛國家為榮，以服務人民為榮，怎麼落實？還是從孝道裡落實。

《孝經》上講「以孝事君，則忠，以敬事長，則順。忠順不失，以事其上。」這是教我們如何事君，君就是領導者，如何來盡忠職守，這是講事君，我們出來工作，長大成人，走入社會了，在自己的職位上如何盡忠，就是用我們的孝心來侍奉國家的領導者，忠於職守。

所以孝心跟忠心是一樣的，不能一面對父母不孝，一面對長官和上司點頭哈腰、畢恭畢敬，那是假的，不是真的。領導者的眼睛還得要睜亮一點，明白這種人不能重用。為什麼？他在家要是不孝，他不可能盡忠，那他為什麼還對你畢恭畢敬，因為有利可圖。所以《孝經》上講的「不愛其親而愛他人者，謂之悖德。不敬其親而敬他人者，謂之悖禮。」你想想他為什麼對你畢恭畢敬，好像很愛你、很敬你，如果他對父母不愛不敬，對你能夠愛

敬，這叫悖德、悖禮，違背道德，違背禮，不符合人倫，不正常，那也就不長久，是假的。所以我們現在最重要的是要培養我們下一代對國家、對人民的忠誠，因此首先要提倡孝道，不提倡孝道，那忠誠一定是假的。

　　所以培養孝心最重要，忠臣出於孝子之門。把孝心從家裡移到外面，以孝作忠，對自己的上司，對自己的職業，對自己的事業，對國家、對人民去盡自己的心力，負責任，這叫盡忠。「忠順不失，以事其上。」這個「上」指的是國家人民。我自己雖然是在美國留學，後來在美國大學教書，在澳洲昆士蘭大學教書，但是只要一有機會我肯定都會回祖國，用我自己的學術能力來為國家做一點事情。所以我在工作期間常常回到祖國，在各個大學講授金融專業課，北京大學、中山大學、廈門大學、江西財經大學等等，這些大學都曾聘請我來講課過，有些是無償的。

　　我就想到我學到的這些知識技能，雖然只是一點點，但是也應該為國家做奉獻。我的母校廣州中山大學聘我做客座教授，讓我在嶺南學院，每一年給他們講授金融碩士班的課程，他們有一個國際MBA班，就是工商管理碩士班，請外籍的教授用英文來講課，後來他們知道我在國外的大學還算有一定的學術水準，所以請我回來，而且中山大學又是我的母校，很多老師都認識我，都記得我，所以我就回來了。他們給予很高的報酬，按照對外籍教授的標準，我說我不能要，這是為母校服務，應該的，學校說：「不行，這是我們的規定，你必須要遵守，必須要這麼辦。」我只好在把這些錢收下後，再把它捐出來。我說能不能捐給母校，對那些貧困的學生做一點援助。他們的回答是：「太好了，我們這邊也有些山區來的同學，確實家庭月收入都低於三百元，他們還得靠自己勤工儉讀。」於是我就設立了一個助學金，用我在大學裡上一個學期課的收入轉成助學金，可以資助六位同學全年的

所有學費和生活費。後來我在香港的幾位朋友也很隨喜、很樂助，他們也來參與，助學金就越來越多，當時就有長官問我說，我們這個助學金多是以個人名義發起的，要不然這個助學金就叫「鍾茂森助學金」好不好？我說不行，我不要，如果要起個名，那就要起孝悌兩個字。

《論語》上講：「孝悌也者，其為人之本歟」，孝悌是為人之本，是根本，你把人做好了，就能夠好好做事。因為我是在商學院教書，將來我們培養的人很多是在工商、金融這些領域裡面工作。

「四書」裡的《大學》，就有講到「君子先慎乎德。有德此有人，有人此有土，有土此有財，有財此有用。德者，本也；財者，末也。」我知道今天在座的也有工商界的企業家朋友，企業家當然都想賺錢，那麼怎樣才能夠發財，財叫枝末，《大學》講的「德者，本也；財者，末也」，就像一棵樹，枝葉花果是枝末，根本是德，如果沒有了根本，比如說一個企業不講誠信，那麼它就存活不了多久，所以為什麼中國中小型民營企業，它們的平均壽命生存不過三年，其實很大程度上就是因為缺少誠信，有今天沒明天的，這樣經營不行，長久之道要注重以德為本。

所以「君子先慎乎德」，在德行上你很謹慎，有德就有人，就有幫手了，你所雇用的人就能忠誠於你，為什麼，因為你有德行，你能夠讓他們敬佩，他就會一直跟著你，他不會另攀高枝，對你產生真正的信心，願意跟你同甘共苦。「有人此有土」，接著就有發展根據地了，而對企業來講，土是土地，屬於資源。你做房地產你要土地，你要是賣產品，你得有機器、廠房等等，這些是資源。「有土此有財」，你就有財富了，有財還得有用，用來做什麼，不是用來自己吃喝玩樂享受的，企業家也要胸懷天下，也要立志幫助天下苦難的人民。

我們現在富裕了，還有很多人可能都吃不飽飯。世界銀行有個統計，就是今天，就是現在，全世界還有十億人口處在長期饑餓狀態，吃不飽飯，我們怎麼能夠把我們的錢隨便去揮霍、去浪費？「朱門酒肉臭，路有凍死骨」，於心何忍，沒有了德，那財也保不住。所以孝悌是德之本，所以我向校方和高層講明，為什麼我的助學金以孝悌命名，為了涵養有緣的學生的德行。我們教出的未來的企業家就多一些有德的企業家，這是根本。

　　我是2006年底把工作辭掉，從金融教學領域退下來的。我覺得這個世界上更需要的並不是金融教授，而是中華傳統文化的傳播者，這個領域上的人才很少，我願意來做，哪怕現在只是濫竽充數，也要為傳統文化的弘揚和傳播出一點綿力。所以把工作辭掉，現在專門在講傳統文化的經典。有人曾經問過我：「為什麼你金融課都不講了，而在講傳統文化？」我說我現在還是在講金融，以前是講金融之末，現在是講金融之本！

　　從2006年開始，我就開始將精力投入在服務國家人民的領域當中，當時我還沒有完全辭去大學的教職，而是利用我自己的假期，因為我們大學的待遇還不錯，三年工作就有半年的休假，另外每年只需要工作九個月，其餘三個月休假，所以我就常常利用假期在全國各地乃至全世界各地講授傳統文化。若是在大學講金融課，有的大學付給我報酬，那我就收，但是講傳統文化我是全部義務免費，從那時候開始一直到現在，沒有一場傳統文化的課我收過一分錢。從2006年開始，在全國各地的大學和社區義務的演講一些文化的專題，像八榮八恥學習報告、振興中國精神等等。我們剛才看到主席台上坐的我們全國婦聯的副主席艾拜女士，全國婦聯曾經有一年請我在攝影棚裡錄過節目，她們成立了全國一千堂德育課時，把我的演講作為德育課時的學習資料，在一千個課時裡頭來播放。像這種工作確實做了不少，都是義務為

國家、人民出一點綿薄之力。

事君，這是在對父母親孝心的基礎上，再擴大到對國家、對人民，當然，你用自己的能力，用自己的智慧去服務去貢獻，在你的職位上，就能夠把孝心擴展。如果你真的一直做到老死，終身不改，真的是以仁為自任，死而後已，那麼這就叫立身，成聖成賢。《孝經》上講：「立身行道，揚名於後世，以顯父母，孝之終也。」這是最終級、最高的層次。如果沒有到成聖成賢，孝道還不圓滿，所以孝的涵義極其的深廣。這裡要注意「揚名於後世」，《孝經》沒有說要揚名於現在，對於傳統文化的傳播，我們不要名、不要利，如果不要利了還要去為名，那也錯了，我們要揚名是後世，我們身後。

為什麼你身後能揚名，那是因為你做了畢生的努力，人民百姓受到你太大的恩惠了，所以一直紀念你，一直懷念你、感恩你，揚名於後世，像孔子、孟子那樣，孔子、孟子當年在世的時候也並不出名，雖然大家都很尊重他，但是他真正的名氣還是在身後。漢武帝用董仲舒的建議，「罷黜百家，獨尊儒術」，把儒家作為國家主要人才考核的一種文化內涵，把儒家文化作為我們的經典文化、主流文化，直到那個時候孔老夫子才真正揚名於天下，所以孔老夫子他自己本身也不要這個名。揚名於後世就能顯揚父母，像現在談及孔子，就想到孔子的父親叔梁紇。孟子、孟母就更有名了，這是立身揚名。

在十九歲剛上大學的時候，母親曾經給我寫了一張生日賀卡，她把對我這一生的期望及志向寫在賀卡當中，我的資質是比較差的，我自己不會立志，所以母親給我立了志，我聽話就好了。所以在我三十歲生日的時候，我舅父給我寫了一張賀卡，說：「茂森，你從小到大沒什麼優點，只有兩個字的優點，就是『聽話』。」

我回顧十九年來走過的人生路，母親對我的期望我也可以安慰地說很多都做到了，比如說拿到博士了、當了教授等等，成家要晚，我現在還沒成家。但是很多母親的期望那是要用畢生的努力才可能實現，比如說修身、齊家、治國、平天下，這個平天下，平是和平，意思就是說和諧世界。

　　和諧世界我們能做到嗎？我們一個普通老百姓可以做到嗎？可以。古人講：「天下興亡，匹夫有責」。為什麼匹夫有責？因為這個天下是你的天下，不是別人的天下，你要去承當，要負起這個責任。「我」有這個責任，怎麼能夠和諧世界，先把「我」自己做好。修身就能齊家，把家庭和諧了，自己做眾人最好的榜樣，家庭也做家庭裡最好的榜樣，這種教化的力量，就普及出去了，就能讓國民效仿，讓天下人也跟著學習，這不就是使國家安定了嗎？這就是治國，使世界和諧，這就是平天下。

　　這是聖賢的事業，母親提出來的這個志向，雖然我還差得很遠，但是「父母呼，應勿緩，父母命，行勿懶」，就得實踐。怎麼做？在〈禮記‧學記〉篇裡頭講到，「建國君民，教學為先」。一個國家政權一旦建立，上至國家最高領導人、國家主席、元首，這是「君」，下至平民老百姓、庶人，「自天子以至於庶人」，都要教學為先。最重要是教學，什麼教學，倫理、道德的教育，做人的教育，傳統文化的教育。傳統文化的教育最重要的以教育為先，修身為本。所以我們教育者本身自己要受教育，一定要將所說的在自己身心上落實。可以用「四書」寫博士論文、可以發表著作、可以拿到教授，成為世界著名的學者的這種人，他未必能夠做到修身，未必能夠齊家。為什麼不能齊家，因為修身沒做到，所以當教授的也可能會離婚，家庭有矛盾，父子不和，夫妻不和。齊家都齊不了，為什麼？沒修身。

　　為什麼身不修，因為心不正，正心才能修身，那心怎麼才

能正？《大學》裡講的，「有好樂者不得其正，有忿懥者不得其正」，好樂是貪樂貪愛，有所貪愛，有欲望就不得其正。忿懥是憤怒，發脾氣、有怨恨、怨天尤人，這心也不得其正，有憂患者不得其正，有恐懼者不得其正。要把這些貪、瞋、癡、慢等等這些念頭把它放下，你的心才能恢復到正道上。其實人心本來就是正的，正是因為那些好樂、忿懥、憂患、恐懼等種種的惡念、習氣，使得心變得不正了，把那些放下心就正了，心正則身修。心為什麼不正，因為意不誠，誠意才能正心，意念要真誠，意念怎麼做才真誠，致知才能意誠。什麼叫致知，王陽明講的，致良知，良知，我們本性中本有的，不是外面學來的，與生俱來就有，因此這個良知我們只要把它顯發出來就可以。

孟子舉了一個例子，看到一個井，旁邊有一個小孩快要掉下去了，你一定馬上衝上前去，一把抓住他不讓他掉到井裡，你那時候必定什麼念頭也沒想，只有馬上把他救起來這個念頭，沒別的想法，這叫良知。「惻隱之心，人皆有之」，但是我們為什麼現在的良知好像見到人都不想幫忙，見死都不救，為什麼會有這樣的心態？良知都沒有了？其實良知不是沒有了，而是被物欲給覆蓋住了，所以格物才能致知，把物欲革除乾淨了，你的良知就圓滿現前。所以什麼叫物欲，一般講「五欲」，財、色、名、食、睡這「五欲」，越淡越好，欲不可縱。所以這個才是真正傳統文化的教學，不是在那裡談玄說妙，你可以在電視台講得天花亂墜，但是你自己若沒有在身心上去落實，就是假的，不是真的。一定要自己先做到，然後才說，這叫「行而後言」，古之人是所說的他必定能做到，然後他才敢說。這才真正是傳統文化教育，它是用來做的，不是用來談玄說妙的。

二十世紀七〇年代，英國著名的歷史哲學家、倫敦大學的教授——湯恩比博士，他對中西方歷史的研究十分透徹，是學術界

的泰斗人物。他就曾經說到，要解決二十一世紀的社會問題，唯有靠中國的孔孟學說與大乘佛法，這都是中國傳統文化的主流。孔孟是儒家，古人講：「儒以治世，佛以治心，道以治身」，儒釋道三家合在一起用，才能解決社會問題，社會現在最大的問題就是人與人之間、民族與民族之間、國家與國家之間、政黨與政黨之間的不和諧，這是個大問題，所以我們國家領導人提出和諧世界的理念，這是解決的方法。因為人有病了才會去開藥，現在世界有病了，所以我們的領導人才開這個藥方，和諧世界。怎麼和諧，湯恩比博士已經說了。這個就需要教育，可是教育的人才在哪裡？

演說聖賢之道，我們講，「演講，演講」，得先演了才能講，你講的道理你得先做出來才能令人信服，而不是僅僅作為口頭禪掛在嘴邊。所以我在跟母親商量之後，決定把我大學教授這份當時被稱為鐵飯碗的工作辭掉。當時澳洲昆士蘭大學商學院的院長還很不理解，特別找我談話，說：「別人要是學術做得不是很好，他要走你這條路我還能理解，但是你現在這年齡就獲獎，又拿到國家的科研專案，全學院你發表的論文又是最好的，我實在不懂你為什麼要走這條路。」所以他怕我是不是一下想不開了才走這條路，好心地特別給我延長一年的期限，說：「你這個職位我給你保留一年，你這一年要是後悔了，回頭還有工作！」我也很感恩他。可是從2006年我提出辭職函到今年，五年了也沒有想過回頭。

我母親鼓勵我說：「能孝敬自己的父母是小孝，能孝敬天下的父母，全心全意為人民服務是大孝，能成就聖賢普利眾生，使千秋萬代人獲益無窮是至孝。我支持兒子走上大孝，奔向至孝。」

於是，我辭別了昆士蘭大學美麗的校園，把房子、汽車都

賣掉後，回到祖國來，希望為國家中華文化的復興出一點綿力。我現在沒有任何的收入，但我的母親非常支持我，她在國內有退休金，甚至把澳洲永久居留的簽證擱置一邊，不再回去澳洲了，因為在澳洲生活很貴。母親回國後，回到了自己原公司分配的房子，繼續過著退休的生活。我自己現在常住香港，在恩師的教誨之下，學習和弘揚中華傳統聖賢文化，我的工作是每天在攝影棚裡面對著攝影機講解這些儒釋道傳統文化的經典，然後把這些視頻放在網上，免費提供給所有熱愛傳統文化的同仁們來學習參考。

2007年初，母親生日的時候，我寫了一首詩獻給母親，題為《感恩慈母頌》：

> 春秋六秩轉瞬間，育兒辛苦三十年。
> 昔有孟母勤策勵，而今家慈不讓賢。
> 不戀高薪教授銜，唯希獨子德比天。
> 從來豪聖本無種，但以誠明度世間。

古聖先賢之道，唯誠與明。《中庸》上講：「誠者明矣，明者誠矣」。我們怎樣做才能夠成為聖人？明就是智慧，有了大智慧，就能通達宇宙人生的真相，這就是智慧。怎麼才能達到這種智慧？你得要真誠，誠到了極處便沒有私心，沒有那些欲望、沒有那些貪瞋癡，這些種種煩惱通通放下的時候，你的意就誠了，心就正了。那你就能夠做好修身、齊家、治國、平天下的聖賢事業。

聖賢事業它是教育的事業，啟發人心，轉惡為善，轉迷為悟，轉凡為聖，三個不同的層次都是讓大眾能夠回頭，同歸於善，使天下大同，世界和諧。

孔子和孟子，我們都知道，他們沒有做過國家領導人，他們只從事教育的事業，天天講學不斷而已，他也不懂、不參與政治。一開始他很想推行周公之志，周遊列國十四年。結果每一個國家都不能用他。

孔子在《論語》上講：「苟有用我者，期月而已，可也，三年有成」。孔老夫子有大智慧，他的智慧都是從古聖先賢那裡承傳下來的，所以他老人家講：「述而不作，信而好古」。

他自己不做什麼創意，他就是認真的學習，把古聖先賢的學問道統繼承下來，他就有治國平天下的智慧，所以他就很自信的講，如果有哪一個諸侯國能用我，「苟有用我者，期月而已」，「期月」就是一週年，比如說今年我們這個二月份到明年二月份這一週年就夠了，就能看到很大的轉變，這個社會就能出現祥和的氣氛。三年有成，意思是和諧社會這個目標只要三年就能達到。靠什麼，靠聖賢教育。

我們自己有實際生活上的體驗，我們在各地講課的時候，講完之後，可能我們跟其他老師一起，四天的課程下來或者甚至三天的課程下來就看到聽眾有巨大的改變，心靈有巨大的提升。真的，人是很好教的，為什麼？因為人性本善。只要用善法去跟他交流，給他啟發，他的本善就能夠現前，所以只要教三年，社會自然就能夠和諧。特別現在有媒體、有網路、電視台、電台、報紙，這些媒體如果能夠妥善運用的話，再有政府來主導，真的只要三年社會就能和諧，這一點都不是假話，孔老夫子當年能做到，現在更能夠做得到。

所以和諧世界並不遙遠，教學為先，修身為本。教育者本身他自己要做聖賢，才能夠從事聖賢教育的行業，才能真正有效果。誠者明矣，能夠至誠，智慧就能獲得提升。對於古聖先賢，我們一定要有誠敬之心，「一分誠敬得一分利益，十分誠敬得十

分利益」。對古聖先賢的文化，我們不能持批判的態度：「這些都是糟粕，都什麼時代了，還講這些老一套。」什麼叫糟粕，說老實話，有人看不懂，就說是糟粕。如果真是糟粕，應該等不到你來批判，這流傳了二、三千年的中華道統，早就被人拋棄掉了，不會一直等到幾千年之後，才來批判、拋棄。

我們只有秉持虛心學習的態度，才能夠繼承古聖先賢的道統，然後學以致用，不能夠死搬硬套，要活學活用，比如《弟子規》的經文、《三字經》的經文，我如何運用到現代社會，比如說剛才講事君，你說事君是糟粕，現在已經不是君主時代而是民主時代了，這樣的態度是錯的，那麼要換成什麼？過去君為主，現在民為主，我事君就是現在講的服務人民，這叫活學活用，不能拘泥在文字上。

真正傳承幾千年的道統肯定都是精華。所以我跟母親就下定決心走這條聖賢教育之路，我們母子連心，有共同的語言，共同的覺悟，共同的理想，就是讓這個世界更和諧、更美好。

三、事親、事君、立身行道、成就聖賢

時間也差不多了，我在此對孝道學習方面做一個簡單的回顧。我也是述而不作，我把我母親曾經寫下來的，她認為我從小到大曾經做過的十件令她老人家開心的事，跟大家做一個分享，讓我們一起來落實事親、侍奉國家人民和立身行道的孝道的涵義。

一、小學四年級時，能主動獨立做好一桌飯菜，讓父母下班享用。

二、能以健康的身體、品學兼優的成績完成小學、中學、大學、碩士、博士全部課程，在二十六歲時，讓母親成為

博士媽媽。

三、在整個讀書過程，特別是赴美留學期間，能遵照母親的要求，不談戀愛，不結婚，專心致志求學。

四、以刻苦的求學精神，和儉樸的留學生活，用四年時間完成碩士、博士全部課程而贏得美國著名教授的稱讚，「二十五年學術生涯中最優秀的學生」，為中國人爭光。

五、在留學期間，能以勤工儉學的收入與節省使用獎學金的錢，每月孝敬父母，工作以後以薪資每月供養父母及鄉下的爺爺奶奶。

六、不吝於表現對母親的感恩與感謝，寫下許許多多的信件、賀卡、詩詞，讓母親開心，讓親友們感動。

七、以優秀的學習成績和多次獲獎的論文，而成為年輕的教授，實現了母親要當教授媽媽的願望。

八、為外祖母送終守夜，為鍾氏家族修祖墳，為爺爺奶奶在廣州市內買房子，使二老頤養天年，敬老、悅老，令母親開心。

九、在大學任教的業餘時間注意修養品德、弘揚聖賢教育，在世界各地演講，《明道德知榮辱》、《因果輪迴的科學證明》、《幸福成功的根基》、《青年人應有的美德》等專題報告，把孝心、愛心，奉獻給社會。

十、立志為往聖繼絕學，為天下開太平，為和諧世界做更積極的貢獻而辭職拜師，全身心投入學習和弘揚聖賢教育的工作。

在此，我要補充幾句，我非常敬佩我的母親，她的器度很大。雖然她跟我父親早年分手，但是她對我的爺爺奶奶依然非常

孝敬，而且鼓勵我對二老盡孝。我們現在提倡和諧社會，人與人之間都是個緣分，不能說緣分盡了我們就不去關懷別人，不去照顧別人。《弟子規》上講：「凡是人，皆須愛，天同覆，地同載。」更何況過去曾經有過緣分的人，所以這一點我非常敬佩我的母親。

有的人可能會對我的這個決定感到不解，在這些人當中，甚至也包括我曾經到新加坡的時候，會見的中國駐新加坡大使。大使是位女士，她當時就問我說：「你把工作辭掉了，但你總得吃飯，你怎麼解決這些生計問題？」當時因為時間很短，我不能夠細說，因此只回答了她一句，是孔老夫子講的，「君子謀道不謀食，憂道不憂貧」。

所以真正學習傳統文化的人要知道，我們一定要把物質生活的享受和追求放淡，最好放下。孔老夫子學生當中最優秀的，最讓夫子讚嘆的是顏回，顏回是真正得夫子心傳的人，你看孔老夫子在《論語》中怎麼稱讚他：「賢哉，回也，一簞食一瓢飲，居陋巷，人不堪其憂，回也不改其樂，賢哉，回也」。兩次讚嘆顏回太賢德了。舉一個例子，什麼叫一簞食？吃飯窮的連碗都沒有，只能拿點竹子編成個小簍來裝飯，喝水連杯子都沒有，只能拿一個葫蘆瓢，叫「瓢飲」。居住在陋巷，別人在他的處境當中不堪其憂，可是顏回不改其樂。他樂在哪，樂在能成聖成賢，聖賢之道裡頭有法樂、有妙樂。這種快樂如果不親自去體驗一下，怎麼說你都不能夠嘗到。所謂「如人飲水冷暖自知」。

我過去也讀《論語》，對於這個顏回之樂只是說說，點頭，覺得很讚嘆，但是沒嘗過。直到我把工作辭掉了，沒有收入了，當然，即使是現在的生活處境我也比顏回強，吃飯還能用碗，喝水還能用杯子，但是我名下沒有財產了，也沒有銀行存款了，因為我把銀行帳號都關掉了。但我依舊不改其樂，我畢生就是為聖

賢教育事業奉獻我全部的心力，所以顏回之樂淺嘗到幾分，淺嘗了幾分之後真的就不會回頭了，因為不改其樂了。所以當時昆士蘭商學院院長和我說：「你要是什麼時候回頭，一年之內還有這個機會。」但是五年了，我依然沒有回頭。不要說五年，五十年也不回頭，這叫不亦說乎。所以「學而時習之，不亦說乎」，你學了、做了就有快樂，不學、不做你怎麼能快樂。即使財富再多，地位再高，也未必能得到真正的幸福快樂。為什麼？快樂不是能從外界得來的，外界欲望的滿足只能叫刺激。像人打嗎啡、吃毒品一樣，刺激一下，刺激完了更苦，失去的時候更苦。唯有學習聖賢之道才能真正快樂，這是幸福的泉源。

在最後五分鐘的時間，我想把自己在1997年，我二十四歲的時候，對著我的恩師，為父母發的九條孝願，跟大家分享一下。

這個孝願就是發願孝養父母。當時因為學習了傳統文化，在恩師的教導之下明白了自己原來過去做得很不足，不僅對父母恭敬心不足，誠孝之心還做得不足，所以痛切的反思，痛切的懺悔，因此發了這個孝願。那時我還在美國唸博士。我想這九條孝願，要終生奉行，而且因為我有這個願，所以希望所有跟我有緣的人，都能夠跟我一起去力行，更重要的是監督我去力行。不要求大家要求我自己，請大家多監督，多指正。

這九條孝願，在原來寫的版本有一些特殊的名詞術語，因為在此地，我把它轉化成現代大家能夠理解的辭彙。

第一，我從今日至未來際，對於父母傾盡所有，乃至身命，以至誠心禮事供養，晝夜六時心不間斷，（六時就是二十四小時），若對父母或因慳吝不捨，或貪利養名聞，不勤奉事，我則名為欺誑聖賢。補充說明，在古人講欺誑聖賢之罪，那是欺瞞自己的良心，罪業是很重的。

第二，我從今日至未來際，對於父母種種善願盡捨身命，悉

皆實現，若生退卻不願成就，我則名為欺誑聖賢。

第三，我從今日至未來際，對於父母以種種美好柔軟言詞，令其歡喜勤事不懈，若對父母以一粗言令其不悅，我則名為欺誑聖賢。

第四，我從今日至未來際，日夜常思父母恩德善行，常生信敬，起教師想，於他人前讚嘆父母之德，若與父母事求其過，生一念輕慢之心，我則名為欺誑聖賢。

第五，我從今日至未來際，以種種方便安慰父母，令其不生憂惱恐懼，於一切境緣皆得解脫，若吝惜身命財物，生一念逃避之心，我則名為欺誑聖賢。

在這裡，我想補充幾句，曾經有人就問過我說：「你把工作辭掉，沒有了收入，那你父母怎麼辦？畢竟你還有父母、祖父母以及外祖父母要贍養。」這件事情我確實曾憂慮過。在我辭職之前，我在我的恩師面前就有流露出這樣的一種憂慮，恩師就啟發我，鼓勵我說：「如果你真的能夠全心全意為聖賢教育事業、為人民奉獻，你的生活和你的家人，自然就不需要去憂慮，因為到時候自然會有很多善心人士來幫助你們家，而且比你自己親自照顧要好上十倍。這就是我們常講的我為人人，人人為我。」當時我信了，信了就真的去實踐，放下工作之後的結果連我自己也沒想到，真的有很多善心的人士，他們出錢出力來幫我照顧父母和爺爺奶奶，甚至比我自己個人去照顧好上十倍百倍。所以古人講：「德不孤，必有鄰」。你真正不為自己個人的私利，視天下人為一體，全心全意地去為人民服務，為天下蒼生去貢獻你的智慧、你的能力，那麼你自己也會得到最好的結果。

第六，我從今日至未來際，常以種種聖賢教育開解父母，令其歡喜，生起正念，明瞭宇宙人生真相，若於父母法供養時，遇有障礙，便生退意，我則名為欺誑聖賢。

補充一句，這一條就講到要養父母之慧，智慧的供養、法供養，也讓父母學習聖賢之道，也讓他們快樂。特別是年紀老了，年紀大了，學這個聖賢教育就會覺得很充實，不會感到精神空虛。

第七，我從今日至未來際，護持父母修學聖賢之道，成就聖賢，假使大火相炙，萬刃相加，我護持之願，無有動搖，若不爾者，我則名為欺誑聖賢。

第八，我從今日至未來際，廣為他人演說孝道，以身作則，勸令一切眾生孝養父母，受持此願，無有疲厭，若不爾者，我則名為欺誑聖賢。

第九，我從今日至未來際，為與父母勤修道德，斬除私欲，志在聖賢，勇猛精進，圓滿孝道，與普天之下所有一切父母供養教化，開示正道，令其得到安樂，令天下大同，若不爾者，我則名為欺誑聖賢。

最後我有幾句結束語，孟子說道：「人皆可以為堯舜」，每一個人都能夠成為像堯舜那樣的聖人，那怎麼能夠做到？

孟子又說：「堯舜之道，孝悌而已矣」。我們把孝悌做到圓滿的境界，就成就聖賢了。所以百善孝為先，這個孝道只要做到圓滿，別說和諧家庭，和諧社會，和諧世界了，甚至可以成就大聖、和諧宇宙。

現在我在香港每天都有講《論語》的課程，這個課程也都放在網上，最近講到顏淵問仁的篇章，我受用特別大。

顏淵就是顏回，是孔子最優秀的學生，他問仁。「子曰：克己復禮為仁，一日克己復禮，天下歸仁焉，為仁由己，而由人乎哉。」這句話古人曾經認為是孔顏心法，孔子和顏回的心法。真正得到這個心法，也就成聖成賢了。孔子告訴顏回怎樣做才能夠達到仁的境界，從克己復禮做起，克服自己的習氣、欲望、自

私、煩惱，把這些習性克服掉。

孔子講：「性相近也，習相遠也」，本性大家都是一樣的，習性有不同，習性是什麼，你的貪愛、你的憤怒、你的欲望自私等等，這些都是習性，本來沒有，本來只有本性本善，把那些不好的、本來沒有的習性把它革除掉，本性就現前。這叫為仁，復禮就是恢復你的性德，禮是自性的性德，一日克己復禮，這一日天下歸仁，天下歸仁就是天下大同。

我們講和諧世界，怎麼做，從我自己做起。我克己復禮，這天下就歸仁。這個道理非常深。《大學》裡面講，要知本。本是什麼？就像一棵樹它有根本，根就是本。家、國、天下，以身為本，以心為本，你身修了，心正了，所以就能夠齊家、治國、平天下。我們只需要從自己的身心上下手，克己復禮，這個天下就能夠和諧，就能夠大同，歸仁。

所以為仁由自己，哪裡是由人？和諧社會不要求別人做，只要求自己做，自己做到了，你就能感化別人，那就能夠使天下歸仁了。所以最後一句奉獻給大家，和諧世界，從我行孝做起。

下篇·
三十年教子心得

一、母親的天職

　　大家都知道，孔子、孟子是儒家學說的代表人物。孔子小的時候，三歲喪父，由母親帶大。孔母擔負起整個家庭重擔，同時教育童年的孔子認字讀書。孟子四歲喪父，孟母教子在歷史上留下「孟母三遷」、「斷機教子」等膾炙人口的故事。孔子、孟子的童年都是單親家庭，因此撐起一個家，並且教子成才的責任全部落在母親身上。孔母、孟母都是我們中華民族母親的代表。她們給我們的啟示是：家庭教育很重要，在家庭教育中，母教最重要。

　　翻開傳統文化的篇章，關於家庭教育和母教重要的論述不勝枚舉。我們不妨來分享幾條：

1、治國平天下，自齊家始。所以治國平天下的權力，婦女掌握了一大半。

2、欲家國崛興，非賢母則無有資助矣。世無良母，不但國無良民，家無良子。

3、家庭母教，乃是賢才頻起、天下太平之根本。

4、家庭有善教，則所生兒女皆賢善。家有賢子，則國有賢才。窮則自淑，化及鄉邑；達者兼善，普益斯民。如是之益，出於家教。家教之中，母教最要。

5、世少善人，由於家庭無善教。而家庭之善教，母教最要。
　　因人之幼時，日在母側，其薰陶性情者，母親最多。

　　這裡引用的五段話，可以看出古人所說的「至要莫若教子」的道理。孫中山先生曾經說過：「天下的太平安危看女人，家庭的盛衰看母親。」

　　可見，作為一個母親，最重要的天職就是教導好自己的兒女。一個母親把孩子教好，不僅是你一家人的事，更是對社會的負責，對人民的貢獻。這個道理很容易理解。假如家中出現一個色情、暴力、偷盜的孩子，那不僅使家庭不寧，也給社會帶來了騷擾。所以古人說：「須知為天地培植一守分良民，即屬莫大功德。」

　　孩子和母親在一起的時間最多，夫妻分工合作，父親主外，母親主內。母親是孩子的第一教師。我本人也有社會工作，但是我主要的心思還是放在教育孩子身上。我們做母親的不僅愛子，還要會教子。當茂森十五歲，正在讀初三時，一次考試的作文題目要求記述生活中的一個人物，茂森以《我的母親》一文獲得好評。短文如下，與大家分享：

我的母親

　　我的母親，是一位四十左右年紀，總是穿戴得體、文質彬彬的新聞工作者。每次家長會，同學們都誇讚我的母親很有風度，我引以為豪，而且使我更自豪的是：我的母親比其他同學的母親更會教育孩子。

　　我是獨生子，可是母親卻從不嬌慣我。母親每天五點前起床，煮好早餐，六點鐘叫我一起出去跑步。寒假裡，當我想多睡

117

一、母親的天職

一會兒時，母親就把我拉起來跑步。窗外還黑，一陣刺骨的北風使我打了個寒顫，啊，好冷啊！可是當母親頑強跑步的身影掠過我的眼前時，我就咬緊牙，加快了速度……

母親一有閒暇就教我一些古文、詩詞以及古今中外名人的言行修養等等，使我懂得了不少道理。他們的志向和愛國熱情，使我從小便樹立起遠大的抱負。

母親還是個工作認真負責的人。有一個星期天，我見母親從早到晚都在埋頭寫作，於是問母親為什麼不看一會兒電視，母親笑著說：「我把別人喝茶的時間都用上還不夠呢！」由於母親潛移默化的影響，我平時也不貪戀電視，認真學習。

母親經常克制自己，不斷塑造新我，並且常常教給我一些為人處世的道理，是我在學校裡學不到的。

高爾基說過，「愛孩子，母雞都會，重要的是教育他們」，而我的母親正是會教育孩子的偉大母親！

華師附中三年5班　鍾茂森

這裡可以看出一個十五歲的少年，已經能夠理解母教的意義了。大家都知道，老舍先生，他是我國著名的現代小說家、戲劇家。他的作品《駱駝祥子》、《茶館》在中外享有盛名。老舍先生一歲半的時候失去父親，母親帶著五個孩子生活，起早貪黑，替別人洗衣、縫衣，賺點錢維持一家人的生活。老舍體貼母親的辛苦，所以發憤圖強，後來當上了大學教授，成了著名的文學家。他回憶自己所受的教育時說：

從私塾到小學，到中學，我經歷過起碼有幾百位的老師（老舍讀中學時，經常轉學，看哪所中學學費便宜就往哪裡轉，因此轉過幾十間學校，認識的老師很多），其中有給我很大影響的，

也有毫無影響的……但是，我真正的教師，把性格傳給我的，是我的母親。母親並不識字，她給我的是生命的教育。

老舍先生的母親，是一位勤勞、儉樸、善良、待人誠懇的婦女，也是一位堅強的母親，她把這些優秀的品質傳承給了老舍。所以老舍先生稱自己的母親是「我真正的教師」，而母親給予的是「生命的教育」。這種教育，使老舍先生事業獲得成功。

母親的言教、身教直接影響孩子的成長。因此做母親的，一定要提高自己的素質，給孩子做個好榜樣。我們民族的後代，是掌握在千千萬萬個母親手中，我們做母親的不僅要立志，為家庭培養好後代，為國家人民培養技術人才，還要學習孟母，為人類培養聖賢的種子，幫助孩子成聖成賢！

對兒子茂森，我不僅希望他成為一名出色的金融教授，而且希望兒子成為一名具有中華傳統美德——孝、悌、忠、信、禮、義、廉、恥的君子教授！甚至成為一名聖賢教授！

二、先天的培養

　　教育得從源頭說起，茂森的教育首先得力於胎教。胎教，是我國傳統家教的重要內容之一，是奠定孩子先天德行學問根基的重要一環。古代周文王的母親太任，懷文王的時候，歷史記載著「太任有胎教，致文王生有聖德」。太任當時是「目不視惡色，耳不聽淫聲，口不說傲言」。言行舉止非常端莊，所以得生貴子。

　　茂森出生在1973年，當時是中國大陸文化大革命期間，有關中華傳統文化的教育典籍，幾乎絕跡。幸運的是，我從母親那裡得到傳承。我的父母都與教育有緣。父親在大學教書，他是一位正直的知識份子，從事教育工作三十年，廣東省人民政府曾特別發給他榮譽證書。

　　母親是師範學校畢業，但沒有外出工作，一直在家中相夫教子。我的母親是一位儒家思想教育出來的典型中國婦女，性格溫和、善良、恭敬、儉樸、謙讓。

　　母親生育了我們兄弟姐妹四人，分別是高級工程師，兩位是主任醫生，一位是記者編輯，都在不同的職位上為人民服務。

　　母親親自教我怎樣孕育兒子，進行胎教。夫婦二人準備要孩子時，第一，先分住百日，各自調整身體，早起早睡，就是古人講的「保身節欲，以培先天」。第二，是積德行善，以培福報，例如孝敬父母師長，做些包括賑災等等的善事。第三，同房坐

胎，選擇天時，一年有二十四個節氣，其中四立（立春、立夏、立秋、立冬），二分（春分、秋分），二至（夏至、冬至）節令的前一天不宜坐胎。因為節令前一天是季節變化交替時刻，很動蕩，防坐胎不穩。大雨雷電的日子亦不宜，怕生出的孩子殘疾短命或性格暴躁等等。應選擇風調雨順、天氣晴朗的日子坐胎。第四，懷孕期間，約束自己的身口意，「非禮勿視，非禮勿聽，非禮勿言，非禮勿動」；不好的事都不要想，心中沒有任何是非、怨惱，沒有任何貪求，平靜而喜悅。第五，生產時要忍耐疼痛不要叫喊，以免喪失元氣和增加胎兒的恐懼。

　　我完全做到了母親提示的這五條。懷孕期間，夫妻分住，我住在母親家中，生活清淨而莊嚴。夫妻之間雖互相關心，但沒有男女之間的纏綿之語。我不看電視，不看閒雜書報，唯讀一些古文，給胎兒一個很清淨的磁場。而且懷孕期間，當時的中國國情正處在文革特殊的歷史時期，日常食用的肉類、白糖、油類等憑票證限制供應，因此我懷孕期間以素食為主。後來才知道素食的好處很多，能養人溫和的性格和慈悲心。茂森果然有一個很好的性格。由於重視了胎教，兒子在以後讀書的過程中，特別是出國留學後，遠離父母，還能保持清淨儉樸的生活，遠離一切不健康的娛樂場所。特別是我要求他在整個讀書期間，不談戀愛，不結婚，茂森完全做到了，而且還能把自己節省下來的獎學金，每月孝敬雙親，給父母寄回三百美元。我深深體會到他能做到這些，很大程度上是得力於清淨的胎教。我在這裡大聲呼籲：我們做父母的，一定要注重胎教！良好的胎教，將使孩子一生得利。

　　當然，三歲以內的教育，也十分重要。古人教導：「教兒嬰孩」。要跟小兒說正面的話。不要為了逗孩子，說粗俗或無聊的話，不要以為小兒不懂，其實父母以及周遭人的言談舉止，小兒都看在眼裡，他已經在接受生活的教育了。

三、家教的內涵

　　我國目前的教育戰略主題是：堅持以人為本，全面實施素質教育。

　　這裡所說的素質教育，正是家庭教育的內涵。什麼是素質？素質是一個人道德水準、文化修養、身心狀況、生活經驗、辦事能力的綜合品質。

　　那麼家庭教育如何培養良好的素質呢？——不用到國外去找文獻，中國家教集大成者《弟子規》中列出的七方面教育，就是最良好的素質教育。這七方面的素質教育就是「孝、悌、謹、信、愛眾、親仁、學文」。原文出自儒家經典〈論語·學而篇〉：「子曰：『弟子入則孝，出則悌，謹而信，汎愛眾，而親仁，行有餘力，則以學文。』」這是至聖先師孔老夫子對弟子，也是對後代子孫的全面素質教育，也是中華民族最優秀的家教傳承。《弟子規》是一個孩子在童年時代、少年時代、青年時代必修的課程，也是從小到老都不可須臾離開的做人標準。

　　學習《弟子規》，最重要的一條，就是在熟讀之後的力行，在深解之後的實踐。它不是僅僅拿來背誦的，而是父母和孩子一同去力行的。下面我談談這七種素質教育在家庭中如何運用，在兒子茂森身上是如何展現的。

◆（一）孝

孝，是中華傳統文化教育之根，是家庭教育之根。孔老夫子在《孝經》上說：「孝，德之本也，教之所由生也。」（孝，是道德的根本，一切教育的源頭）。

孝道的涵義廣大無邊。〈弟子規·入則孝〉中說了二十四樁事項，孔子在《孝經》中歸納為三個層次：「夫孝，始於事親，中於事君，終於立身。」孝道的第一個層次，是孝敬自己父母親，包括自重自愛，「身體髮膚，受之父母，不敢毀傷」，這是孝道的起始和基礎。孝道的第二個層次，是在第一層的基礎上，移孝作忠，忠誠和服務於國家人民（古代君主時代，君代表國家和人民；現在人民當家做主的時代中，「事君」應解釋為在自己的職位上全心全意為人民服務）。孝道的第三個層次，在第一、第二層的基礎上，不斷地「立身行道」，而能成聖成賢，「揚名於後世」，為當代和後世子孫做出最優秀的榜樣，為和諧世界立德、立功、立言，垂範後世，為父母祖先爭光，「以顯父母」，這是孝道的圓滿。

下面，請允許我來談談如何教導孩子在這三個層次的孝道上力行。

1.始於事親

「茂森青少年時代的家庭教育，得力於中國傳統文化聖賢經典有關孝道的教育。特別是儒家的《孝經》、《弟子規》。孝，是人之根。儒家視孝為第一善。「百善孝為先」，《弟子規》說的「聖人訓，首孝悌」，《孝經》也說「孝」為「至德要道」。所以聖賢人說「孝為天下第一事」，「視孝為第一福」。

茂森的青少年時代，家庭教育是學習這些經典。

1984年春節，茂森十一歲時（小學生），在我們家族傳統的春節聚會上，兄弟姐妹各家的孩子給老人拜年後都要獻詞獻節目。小茂森的發言是：

《孝經》裡有這樣一段話：「夫孝，天之經也，地之義也，民之行也。」……孝敬父母，一方面是物質上的孝敬，要讓他們豐衣足食，按時給他們一些零用錢，經常給他們買一些可口的食品，尤其當父母患病時，子女應盡全力照顧好老人，也為自己的子女樹立好榜樣。更為重要的就是精神上的孝敬。我們要關心老人，要尊敬他們，有事同他們商量，尊重他們的意見，使他們精神上感到愉快。

這是少年茂森學習《孝經》的心得。這是孩子把《孝經》第十章孔老夫子說的「事親五致」用自己的話說了出來，即「子曰：『孝子之事親也，居則致其敬，養則致其樂，病則致其憂，喪則致其哀，祭則致其嚴，五者備矣，然後能事親。』」實際上，這「事親五致」，正是〈弟子規‧入則孝〉二十四則經文的綱領。請看下面的表格：

（1）居則致其敬：
父母呼。應勿緩。父母命。行勿懶。
父母教。須敬聽。父母責。須順承。

（2）養則致其樂：
冬則溫。夏則凊。晨則省。昏則定。
出必告。反必面。居有常。業無變。
事雖小。勿擅為。苟擅為。子道虧。

物雖小。勿私藏。苟私藏。親心傷。

親所好。力為具。親所惡。謹為去。

身有傷。貽親憂。德有傷。貽親羞。

親愛我。孝何難。親憎我。孝方賢。

親有過。諫使更。怡吾色。柔吾聲。

諫不入。悅復諫。號泣隨。撻無怨。

（3）病則致其憂：

親有疾。藥先嘗。晝夜侍。不離床。

（4）喪則致其哀：

喪三年。常悲咽。居處變。酒肉絕。喪盡禮。

（5）祭則致其誠：

祭盡誠。事死者。如事生。

　　下面詳細報告一下事親五致所涵蓋的〈弟子規‧入則孝〉的內容，在生活中如何落實。

（1）居則致其敬

　　茂森從小到大，對父母都沒有逆反過。一直到現在，都能做到對父母的要求恭敬接受，對父母的責備虛心聽取。每逢節慶或是父母的生日，茂森都會向父母表達感恩和敬意！

　　1994年，茂森二十一歲，他正在廣州中山大學讀書，在我那年生日的時候，我收到兒子給我的一張特大賀卡（有一本雜誌那麼大），也是第一次收到兒子的紅包供養。他用勤工儉學的收入孝敬我人民幣三千元。他在賀卡封面上寫：「獻給我最愛的媽

媽，小牛茂森敬上」（茂森屬牛），並且還寫了很長的賀詞。

　　善於讚美父母，欣賞父母是我們家庭文化生活的重要內容。我們做父母者身體力行，孩子在旁邊也學到了。茂森非常喜歡我每年寫給父母的祝壽詩。特別是在外祖母六十九歲生日時（1979年），我寫過一首這樣的詩：

鍾博士談：中華傳統文化價值觀

《獻給親愛的媽媽》
——祝賀六十九歲生日

哪一朵葵花不向著太陽？
哪一個孩子不熱愛自己的娘？

親愛的媽媽，
一個幸福的家庭，
您是舵手，
有了您，
爸爸才有成就！

有了您，
哥哥姐姐才能上大學；
有了您，
我的戶口才能從農村轉回城。

您是我們幸福的泉源！
您是我們成功的後盾！
您是大北路之家的砥柱棟樑！

親愛的媽媽，

您的性格就是：

永遠給予，不求報酬。

您的愛，

像大海那麼深廣。

而我們回敬的，

卻是一滴水啊！

您給予我們生命、學識和財富，

您給予我們溫暖、快樂和幸福。

我們說上帝，

就是指您——親愛的媽媽！

我們說您，

就是指降福於我們的上帝！

小女良玉　敬呈

一九七九年正月

　　這首詩給兒子的印象很深。在1992年母親節的時候，茂森當時十九歲，他也寫了一首長詩給我，在這裡與大家分享：

親愛的媽媽：

母親節快樂！

您和爸爸的愛，

長出了我的胚胎，

一團模糊不清的心肉，

損耗了您的生命精華、窈窕青春。
才有了嘴巴、耳朵、眼睛，
創造了未來的大腦和胸懷。
您以痛苦的受難和乳血，
使我從無到有，莊嚴存在！

您教我牙牙學語，
您教我認識世界，
走第一步路，
唸第一個字，
讀第一首詩……
您憑著偉大的母愛與超人的遠見，
在我很小時就開始了對我的教育。

您把我送到幼稚園全托，以鍛鍊我獨立生活的能力。
您在家裡的門板上教會了我唐詩宋詞、ABCD。
您手把手教我寫毛筆字。
您是我人生啟蒙的第一個教師啊！

您循序漸進，誨人不倦，
把一個淘氣頑童教養大。
您孜孜不倦輔導我升中考試，
使我能以優異的成績考入廣州市一流中學
——華師附中。
我一切的一切，
哪一點沒有您的關心、
愛護、工作、智慧、教育和啟迪？

您是母親中的典範，是我心目中永恆不滅的星斗！

在母親節之際，我要深情地說聲：

「謝謝您，親愛的媽媽！」

兒茂森　叩敬

1992年5月10日母親節

茂森敬愛母親，也敬愛父親。他在十七歲時，那時還在中學讀書，在他父親生日時，他填了一首詞《念奴嬌·子承父志》，獻給自己的爸爸（茂森的父親是廣州人，曾在上海甘肅工作過，也曾參過軍）。下面與大家分享這首詞：

《念奴嬌·子承父志》

輾轉北南，冒風雨，為國重任勇擔。

半生辛苦，鬢已蒼，熬盡人世艱難。

少小凄涼，年長從戰，踏遍滬粵甘。

保家建國，安圖名利飽暖？

曾憶窗前月下，諄諄育愛子，哪計冬伏？

逝者飛速，轉瞬間，健兒已代小犢。

子承父志，豈懼寒窗苦，願仿鴻鵠。

恩深難報，唯獻鮮英一束。

兒茂森　敬上

1990年12月23日

（2）養則致其樂

養父母的目標是使父母歡心，包括三個內容：養父母之身、養父母之心、養父母之志。

茂森在讀大學時，利用業餘時間在廣州寶潔（P&G）公司打工。當時，茂森帶領的大學生自行車廣告隊，為寶潔公司在廣州市內挨家挨戶派送洗髮護髮的試用品。茂森是騎自行車跑遍廣州。在那個年代，國家政策規定大學生畢業後，如果不直接在國內服務，而是自費出國留學，那麼要補償國家的教育培養費一萬元。茂森為了給家裡減輕負擔，就用自己勤工儉學的收入交付了這筆費用。

一個孩子心中裝著父母，裝著祖先，裝著孝，裝著愛，裝著中華民族精神，學習哪有不努力的？成績哪有上不去的？茂森大學畢業後，做了兩手準備，一方面報考本校──中山大學研究所，另一方面報考了幾所美國大學研究所。當時（1995年），全國各地報考中山大學「世界經濟專業」研究所的考生有一百八十名，考試結果，茂森總成績是第一名，同時也以優秀的托福成績和GMAT成績，獲得美國路易西安那州理工大學商學院的錄取，成為MBA工商管理研究生，並且有獎學金。孩子讀書期間，能把書讀好，這是讓父母非常快樂的。

茂森在美國留學期間，以優秀的成績，獲得學校的獎學金。他每月給我寄二百美元（當時相當於人民幣一千六百元），還給他父親寄一百美元。在當時來說，這對一個普通家庭是一份很好的收入。而茂森自己的生活情況怎樣呢？

這裡摘錄一段1996年1月7日他在留學期間給我的來信：

「冬天的路易西安那州挺冷。我們這兒晚上一般都在零度以下，有一天早上起床，竟發現天上飄落許多雪花……目前是最冷的時候，我如果可以挺過來，便可省些錢，無須買棉被了。儘管冷，我仍然保持每週一兩次的冷水浴。

我目前的學習、生活都較單調，每日穿同樣的衣服，吃同樣的菜飯，走同樣的路，讀同樣的書。我盡量讓自己在單調中求單調，使躁動的心熄滅。我每日早、晚警示自己安住單調的生活，直至獲得博士學位為止。因為我深深懂得：我來美國不是享受的，而是在欠著父母的恩德，花著父母的血汗錢，若不努力讀書，天理難容！

所以我突然很喜歡寒冷的冬夜，因為在冬夜裡我才能體會「頭懸樑，錐刺股」的精神，才能享受范仲淹斷虀畫粥的清淨。這個星期五晚上，下了一場凍雨，格外的冷，然而我的進取心卻比任何時候都強了。我要以優秀的成績供養父母！媽媽，請您放心，您的兒子向您保證，向您發誓：我一定會孝順您，把孝順放在第一位，把事業放在第二位！」

「把孝順放在第一位」，就是把道德放在第一位。因為孝為德之本也。

看到兒子發憤進取的精神，我很歡喜，寫信鼓勵他：

「寒冷能使人如此理智和堅強。感謝路易西安那州的冬天！感謝清苦、無欲的生活！它使人恢復性德之光！……用什麼方法才能開啟人性的寶藏呢？──用「孝」。這是第一把鑰匙。孝養父母，擴而大之，孝養一切眾生。茂森，你先做一個榜樣，給青年們看看！」

在美國留學期間，茂森從中國帶過去的只有毛毯，沒有棉被，因為當時的行李很多，包括衣物和書籍等，國際航班不能超重。到美國之後，他沒捨得買棉被，實在冷的時候，把衣服都蓋上去，甚至連書本都壓上。後來我到美國參加兒子的博士班畢業

典禮，從同學們的口中才知道，兒子在生活中是處處節省，冬天停掉了暖氣，始終茹素，主要是高麗菜和胡蘿蔔——這是美國當時超市最便宜的菜了，後來知道這兩樣食物是很有營養價值的。茂森每月從學校的獎學金中省下錢來寄回中國，孝敬父母。

茂森在美國留學，攻讀碩士的時候，暑假期間，到美國北方明尼蘇達州的一個旅遊城打工，九個中國同學只租一間房子住，沒有家具，睡在地板上。他們每天工作十個小時以上。茂森是在一個大型遊樂園裡製作棉花糖賣。棉花糖是美國小朋友喜歡吃的零食。茂森是在一個透明而密閉的房子裡工作，機器噪音很大，每天要站立十多個小時。製作棉花糖的機器不停的運轉，唯有上廁所時才能休息一下。打工將近三個月，淨收入三千美元。他給我寄來了一千美元，這是我此生收到的第一筆外匯。

茂森在美國留學期間，每週保持與我通一次電話，每兩週寫一封信給我。四年的留學生涯，我們母子的通信一整理箱都裝不完。茂森每月給父母寄三百美元，他的獎學金每月八百美元，後增至九百美元，茂森節省而智慧地使用這筆錢，並保持每年回中國一次看望父母鄉親。

有的同學開玩笑地對茂森說：「你打那麼多的長途電話，每年還回國探親，花費不少啊！如果不這麼花錢，你早就可以買一部汽車了。」可是茂森不這樣看。雖然很多中國留學生都有新汽車或二手車，但茂森還是堅持整個留學期間都是騎自行車，他不願意減少與父母的聯繫，不願意減少對父母的供養！兒子雖然遠在大洋彼岸，卻和母親心連心。

當我知道了這個情況以後，於1996年月25日給兒子的信中鼓勵他說：

「保持和老家的聯繫，這個做法是心存孝道，養母親之心。

古代祭祀，非常隆重，孔子的學生說：「應該廢掉那些祭品，因為花費錢財。」孔子回答：「你愛惜錢財，我更愛惜這種禮義。」禮義延續下來，使民心淳厚。茂森兒，你的做法，有古人之風範，我很開心。」

教孩子行孝，要靠中華傳統文化經典的教化力量，然而，父母的以身作則，也是最具權威的教育，是無聲的命令，使孩子不令而從。

茂森從我母親（外祖母）那裡，知道我第一次得到薪資收入時，給家中爸爸、媽媽、哥哥、姐姐每人都買了一件衣服。我每次出差，一定給母親買一件禮物回來，並且熱情地幫助哥哥姐姐以及他們的孩子（解決工作調動、找房子、孩子轉學、入學等問題）。《弟子規》說：「兄弟睦，孝在中。」這些都令我母親很開心。特別是文化大革命期間，我的父親在大學和許多老知識份子一樣，受到衝擊，被凍結薪資，到山區工作。當時我的母親年紀大了，不能去看望父親，而我的哥哥姐姐都在外省工作，因此就由我常去粵北山區看望父親，安慰父親，並積極地為父親落實政策，層層向上報告，直到北京教育部面見部長，陳述理由。最後，我父親的問題終於得到解決，落實了政策，重返大學教書。在那一段政治壓力很大、經濟生活困難的時期，我始終和父母在一起，始終持續為父親落實政策而奔走。茂森常聽外祖母說起這件事情，使孩子心中的孝德更加深厚。

同時，我也常帶動茂森參加家族敬老悅老的活動。例如，到鄉下看望和供養爺爺奶奶，讓茂森和爺爺一起下田工作，學習老人家勤勞、樸素的品德，讓孩子記住老人的生日，讓孩子為老人表演節目等等。

茂森工作以後，除贍養父母之外，還主動贍養爺爺奶奶，在

廣州市內給爺爺奶奶買了一套房子，把兩位老人從農村接出來，還請了一個保母照顧他們，讓二老頤養天年。當時，我住的房子，還是在廣州工作時的公司分配的住房，我沒有買新房，可是我支持兒子先為爺爺奶奶買房子，雖然那時我和茂森父親早已離婚。我和茂森一塊負責選房買房的事情，並幫助佈置新居。當茂森的爺爺奶奶住進新房的第一天，他們非常高興地對我說：「我們從來沒住過這麼好的房子！感謝妳們母子！感謝妳很善於教育茂森！」現在茂森的爺爺奶奶都九十多歲了，還健在。

（3）病則致其憂

《弟子規》上說：「親有疾，藥先嘗，晝夜侍，不離床。」展現了孝子在父母疾病時能盡心盡力為父母調治身體，幫助盡快恢復健康。

記得茂森的父親在2001年年初的時候，患了惡性腦瘤。當時茂森還在美國教書，聽到此訊，立即先匯來三萬元醫療費，然後親自趕回廣州，找到廣州市最好的一位腦外科醫生，請他來動手術切除腦瘤。這是一個危險性極高的手術。在手術前，茂森陪伴父親，百般安慰他、鼓勵他，使他升起堅定的信念，並讓他在手術前一天，讀誦傳統聖哲經典。手術過程中，茂森虔誠地在手術室外面等待和祈禱。結果手術順利成功。他父親術後恢復得不錯。十年過去了，茂森的父親現在七十歲了，還健在。

（4）喪則致其哀

《弟子規》上說：「喪三年，常悲咽，居處變，酒肉絕，喪盡禮。」茂森的外祖母在她八十四歲最後的日子裡，我一直守護在她的身邊，給予她開導、安慰和臨終的關懷。因為外祖母信仰佛教，我為她唸佛。最後外祖母以美好的笑容，安詳辭世，全身柔軟乾淨。茂森當時正在廣州讀大學，得知外祖母去世就迅速趕回家，為外祖母通宵守夜。為紀念母親，我在守孝期間編寫了一

本書《如何為老人送終》。這本書當時在廣州地區被人們輾轉流通，翻印三次以上。茂森直接參與這本書的校對工作。

在守孝期間，我們母子開始吃素，《弟子規》說：「喪三年，常悲咽，居處變，酒肉絕。」我們母子從1994年吃素一直持續到現在。當時茂森二十一歲，到今年，已經持續茹素十七年，完全習慣了。現在越來越清楚素食的好處了。素食不僅對健康好，對環保、對節約資源都有重要的意義。

（5）祭則致其嚴

《弟子規》上說：「祭盡誠，事死者，如事生。」《論語》中曾子曰：「慎終追遠，民德歸厚矣。」我的父母去世多年以來，我都帶著茂森在每年的清明、中元（農曆七月十五）、冬至三個傳統的祭祖節日裡，祭祀已故的父母和鍾氏、趙氏家族的祖先。我們祭祖的方式是在父母祖先的牌位前獻上果品、鮮花、素食，然後禮拜，並讀誦傳統文化聖賢經典，以此來供養祖先，來自我策勵，不忘祖恩，不忘修身立德，光耀門楣。

孝，是我們五千年的中華傳統文化的源頭。所以母親教孩子，首先是把孝道教給他。現在有許多父母，忙著讓孩子參加各種技藝學習班，如鋼琴、繪畫、書法、舞蹈、武術等等，有時會讓孩子疲於奔命，卻丟失了根本。不要忘記，孝是人之根。

2.忠於事君

前面講到，始於事親，從孝養父母開始，繼而提升到為國家人民服務。

《孝經》云：「以孝事君則忠，以敬事長則順。忠順不失，以事其上。」移孝順為忠順，為人民服務。

茂森自二十六歲博士畢業以後，沒有忙著談戀愛結婚，而是專心做著兩份工作，一是正業，在美國和澳洲大學教書，他的金

融教學和研究工作都很出色；他還利用假期，應邀到國內各大學（北京大學、中山大學、廈門大學、江西財經大學等）講授金融專業課，把國外最先進的金融知識技術介紹給國內。二是副業，2002年起，茂森利用在國外大學教書的業餘時間，並在世界各地和國內用中英文演講五十多次傳統文化的講座。2006年起，茂森又利用業餘時間，義務為全國各地大學和社區演講《八榮八恥學習報告》、《振興中國精神》和《青年應有的美德》等德育專題一百多場。2006年，由北京中央黨校監製錄影《明道德知榮辱》的報告，作為全國各地黨校社會主義榮辱觀的學習資料；2007年由中國婦聯兒童德育中心錄製茂森的演講《幸福成功的根基》，作為全國一千個德育課室的學習資料。茂森還利用業餘時間多次應邀參加聯合國教科文組織的會議，參與推動世界和平與教育的活動。

這些都是茂森由孝養父母而提升為報效國家人民的表現。我熱情支持兒子，將對父母的孝心擴展為對社會大眾的愛心，為和諧社會添磚加瓦。

3.終於立身

古人所講的立身，是指立身行道，成聖成賢，為人民立德、立功、立言，而垂範後世。中華民族許多優秀的人物都做過這方面的貢獻。例如孔子，立德方面，他的道德風範堪為萬世師表，他的學生稱讚孔子品德，是溫、良、恭、儉、讓。孔子是心存仁義，外示禮儀規範的表率。立功方面，孔子的教育成就是偉大的，有弟子三千，而優秀者有七十二人，這些學生都分布在各國，或為官吏，或講學授課，推動了教育事業。立言方面，孔子本身整理了古代的文化典籍，六經（詩經、書經、禮經、易經、春秋、樂經）都是他刪定整理的。而且中華文化的精華《論語》

就是孔子及其弟子的言行彙編。孔子是立身行道的表率。

當茂森十九歲時，剛邁進大學的第一年，我作為母親，給孩子的一生做了個規劃，讓孩子參考。後來發現，茂森真是聽話的孩子，的確是在這個規劃的道路上踏踏實實地走。下面就與大家分享我當年給茂森的這張生日賀卡：

茂森兒：

祝賀你十九歲青春的年華！這是你邁進大學的第一個生日。

世界上有兩樣東西，只有失去時才知道它的價值，那就是：青春和健康。希望你做一個智者，身置廬山之中而知廬山之美。

你已經成年。今天和你談談我對你人生的總體策劃：

假如環境沒有意外，你的道路是：

大學畢業，獲學士學位

研究所畢業，獲碩士學位

攻讀博士，獲博士學位

爭取到當今世界發達的國家學習和工作；

成家要晚，立業在先，遵循古訓：修身、齊家、治國、平天下；

在修養方面克服浮躁，一心不亂，增加自控能力，寧靜致遠，行中庸之道；

三十歲前，學習，累積，打基礎；

三十歲至五十五歲，成家立業，做一番事業；

五十五歲後收心，攝心，總結人生，修持聖賢之道。

這樣，當你回顧往事的時候，可以安慰地說：我活著的時候很充實，離去的時候很恬靜。

永遠愛你的母親

於1992年5月

我們母子先在美國居住，後又遷居澳大利亞。

茂森也常常應邀參加世界的金融學術交流會議，及到世界各地大學講學。而且是在這些出訪活動中，常常帶我一塊去旅遊。所以，我到過美國、英國、法國、加拿大、澳大利亞、紐西蘭、新加坡、馬來西亞、泰國等國家。香港一位海關工作人員看到我的護照上蓋滿了各國入境的印章，開玩笑地說：「您老人家很有福氣啊，世界發達國家您都去過了。」

古人說：「讀萬卷書，行萬里路。」我們母子共同看到：隨著科技的發達，生產的發展，人們的物質生活有了提高，但是道德素質、精神世界卻在走下坡。世界動亂，自然災害頻繁，國家、宗教、族群之間衝突，家庭糾紛、離婚率上升，青少年犯罪率成長，物慾橫流，人心少善，聖賢倫理道德教育衰微……世界缺少和諧。

2005年，胡錦濤主席提出共建「和諧世界」的理念。這是時代緊迫的呼喚！如何構建和諧世界呢？中國古訓《禮記‧學記》篇中說：「建國君民，教學為先。」因為聖賢的教育能長善救失，使人由衷地轉變自己的觀念和行為，如果都遵循聖賢教導的方法去做，社會一定變得和諧。

二十世紀七〇年代，英國著名的歷史哲學家湯恩比博士曾說過一句名言：「要解決二十一世紀的社會問題，唯有中國的孔孟學說與大乘佛法。」是的，如果把孔孟的仁義忠恕之教，和大乘佛法的真誠慈悲之教，遍及中國，遍及世界，那必定是人心和善、家庭和樂、人際和順、社會和睦、世界和諧。

社會確實需要有一批有志青年，來學習和弘揚聖賢之教，他們要修身立德，「學為人師，行為世範」，然後將聖賢的教育弘揚四海，發揚光大。

誰願意做出這樣更積極的人生選擇呢？

生活的現實問題引起了我們母子的思考。我們學習中華傳統文化，讚嘆仰慕孔子孟子。難道我們永遠停留在仰慕和讚嘆嗎？難道我們就不想自己成為孔子和孟子這樣的聖賢人物嗎？難道我僅滿足於當一名金融教授的母親嗎？

我想起《朱子治家格言》，這還是茂森很小的時候，我教他的一篇古文，文中說：「讀書志在聖賢」，應當讓兒子學做聖賢，我要學習做孟母，即使不能全部學到，也可以部分地學到。子曰：「仁遠乎哉？我欲仁，斯仁至矣。」（論語·述而第七）孔子說：「仁道離我們遠嗎？只要我發心要行仁道，仁道當下就能做到。」

於是我在給兒子的生日賀卡中說：

「茂森兒，做母親的，希望你更上一層樓，希望兒子做君子，做聖賢。你能圓我的願嗎？」

兒子在2005年1月給我的新年賀卡中，回答了我這個問題。這張賀卡是我最喜歡的賀卡，摘錄一段與大家分享：

親愛的媽媽：

韶光飛逝，媽媽已到了耳順之年了。而您教養兒子已三十多個寒暑。我在這三十多個寒暑中，越來越體會到，世上最偉大的是母愛。母愛，能在寒冬中為兒女帶來溫暖，在酷暑中帶來清涼……

《孝經》上說：「立身行道，揚名於後世，以顯父母，孝之終也。」因此大孝者應以德濟世，為天地立心，為生民立命，為往聖繼絕學，為萬世開太平。

目前世界，聖教衰危，天災人禍頻繁。我們慶幸得蒙恩師教誨，得遇正法，獲益無窮。我願繼承恩師之志，為挽救世運人心，……努力修學。從格物、致知、誠意、正心、修身開始，盡形壽為人演說聖賢之道，弘法利生，以報父母、恩師，天地、祖先、古聖先賢之德……

兒茂森頂禮

2005年元旦

我接到這份新年賀卡，心中有說不出的高興！我們母子連心，有共同的語言，共同的覺悟，共同的理想。

於是我寫了《送子拜師文》，2006年9月27日帶著兒子，到香港拜師。

2006年底，茂森毅然辭去了昆士蘭大學終生教授的職務。我們母子告別了美麗的昆士蘭大學校園，告別了在澳洲新買不久的花園住宅，茂森告別了優越的教授生活，重新當一名學子，跟著老師學習和弘揚聖賢教育。

茂森2006年呈給老師的《報恩立志文》中說：

願繼孔孟聖賢之絕學，願開天下寰宇之太平。

兒子在香港跟老師學習，而我本人，回到廣州，又回到公司給我的住房，放下世間的塵勞，過一種清淨的養老生活，每天靜心學習傳統文化的經典，提高生命靈性的層次。

兒子在2006年給我的生日賀卡中，寫了一首詩，為我祝壽：

育苗辛苦半生忙，

樹高方可與人涼。

不願兒為名利漢，

便如孟母史留香。

　　茂森自2006年底結束了大學的金融教學工作，從2007年開始走上立身行道之路，四年多來，在世界各地的演講課程累計超過兩千小時，正式出版的關於聖賢教育的書有十幾種，作為母親，我很欣慰，兒子在真理的大海中起步揚帆了！清朝的大官，也是大儒，曾國藩先生曾說過一句話：「讀盡天下書，無非一孝字。」是的，中華傳統文化如果用一個字來代表，那就是「孝」。這個「孝」字，上面是「老」字頭，下面是「子」字，表明老一代與子一代的和諧一體。老一代，追溯上去，還有老一代，過去無始；子一代，下面還有子一代，未來無終，無始無終都是一體。一體就是孝。這個「孝」字，展現了宇宙的真理：就是道家所說「天地與我同根，萬物與我一體」。古聖先賢證實了這個一體的境界，告訴我們這個事實真相，教我們從孝敬父母入手，與父母一體就是孝。自此衍伸，與兄弟姐妹一體，就是悌；與國家一體，就是忠；與朋友一體，就是信；與天下所有人一體就是仁（「凡是人皆須愛」）。中國文化是孝的文化，所以家庭教育的重點就在孝道。

◆　（二）悌

　　《弟子規》的素質教育中，〈出則悌〉一章展現了兩層教義：一是對兄弟姐妹、朋友同事要和睦互助，二是對尊長要恭敬。

　　對老師要恭敬，父母一定要帶著孩子力行。我每年帶茂森給母校的校長、老師拜年，讓孩子獻上感恩與讚美的詩詞。文革後期，我曾寫下洋洋萬言的《回憶我的母校華師附中》，獻給華師

大黨委和原校長王屏山老師。

當時，王屏山老校長及許多老師因文革的衝擊，還沒有恢復正常工作，甚至還在做掃地等雜工工作，看到我寫的文章，看到我對華師附中的讚揚和肯定，非常高興，非常受鼓舞。而孩子看到母親對過去的校長和老師這麼感恩和尊敬，甚至對「下台了」、不在行政管理和教學位置上的老師還那麼恭敬，茂森幼小的心靈刻下了尊師重道的印象。

茂森雖然是獨生子，工作以後，常常對堂、表兄弟姐妹給予愛心的支持。茂森的兩個叔叔、四個姑姑大多在農村，他們的家境並不富有，茂森對他們的孩子常常給予經濟上的關懷和文化教育上的幫助。

茂森在美國留學期間，沒有停止學習中華傳統文化。除了自己學習外，他曾經八次組織中國留學生們座談孝道。茂森每次舉辦這種座談會，都主動出錢，提供茶水、食品，讓中國同學們相聚得很開心。茂森把在家庭中所學的傳統文化關於孝道的經典故事與大家分享。《弟子規》中說：「善相勸，德皆建」。這些中國學生們在讀誦中，在討論中，常常淚流滿面，都感奮起來，決心修身立志，好好完成學業，報答父母，報效國家。

2006年，茂森應聘為母校中山大學嶺南學院金融客座教授，對該校國際工商管理碩士班（IMBA）用英文授課。茂森為了報答母校，將豐厚的授課收入在中大嶺南學院設立「孝悌助學金」，幫補貧困地區來的大學生的學費和生活費，後來茂森召感的幾位香港朋友也發心贊助，將這個助學金擴大。

茂森在廣州中山大學任教期間，回到母校華師附中看望以前的老師，並且應邀為中學的學弟、學妹們分享自己的成長經歷，講述《幸福成功的根基》，強調德行對學業事業成功的重要性，受到母校師生的熱烈歡迎。

◆（三）謹

《弟子規》的素質教育中，講到「謹」，要求生活有規律，作風嚴謹。茂森在家長的帶動下，從小養成了健康文明的生活習慣，如《弟子規》中說的「朝起早，夜眠遲」；「冠必正，紐必結」；「置冠服，有定位」。我要求孩子坐有坐相，站有站相，讀書有讀書相，吃飯有吃飯相。我從來沒有問孩子想吃什麼；我做什麼，孩子就吃什麼，做到「對飲食，勿揀擇」。

在茂森的小學階段，我就讓他透過學做家務來養成工作的習慣與嚴謹有條的作風。茂森雖然是獨生子，但我們並不嬌慣他，他九歲就學會做飯，幫助家裡洗菜、煮飯、洗碗、掃地，到附近雜貨店、農貿市場買東西等。從小早起早睡，不看電視。我本身也不看電視，從不打麻將。在孩子整個小學階段，每週三個晚上我都要輔導兒子功課和帶領他學習傳統文化經典或詩詞文章。我有早起帶孩子運動的習慣，有愛讀書的習慣，這些孩子都學到了。母親操持家務，孩子看在眼裡，也學到了。

記得茂森在小學四年級時，有一天，我下班回來，開門的時候，小茂森鞠了一躬並伸出一隻手說：「媽媽，請……」我一看，桌上已備好了飯菜，有炒蛋、炒青菜、鹹菜等，飯也煮的很好。我很驚喜，這是茂森第一次主動獨立做好飯菜，孝敬父母，所以我的印象很深。孩子學做家務，一來鍛鍊能力，雙手更靈活，頭腦更聰明；二來習勞知感恩，培養體貼親人，樂於為別人服務的奉獻精神。

父母要訓練孩子獨立辦事的能力和勇於承擔的精神（「勿畏難，勿輕略」）。茂森高中畢業，等待大學考試放榜之前，正好這時，我接到一份會議通知，是到杭州參加全國高級公共關係及管理藝術研討會。因為當時我的工作很忙，無法去參加這次會

議，而公司也抽不出別人參加。我就決定利用這個會議通知，讓孩子自費去參加這次活動。茂森當時是高中畢業（1991年），但從來沒有一個人出過遠門，更沒有參加過這些高級會議。

我對孩子說：「你平常不是說希望有鍛鍊的機會嗎？現在機會來了，你準備好衣物和筆記本，前往杭州開會。」茂森開始愣住了，但很快就投入了準備工作，自己去火車站購票，整理行裝。我叮嚀孩子：「你要認真參加這個會議，做好筆記，參加這次會議的人都是全國著名的專家、學者及各大學的教授，你要虛心學習，你就代表我去開會。回來後，向我們傳達會議內容，到時請家族的親友們都來聽取你的報告。」

茂森知道了自己的使命，精神煥發起來。我提醒兒子，路上要小心，照顧好錢包和東西，下車的時間是夜裡，要記得跟列車員聯繫，不要睡過站！然後就放手讓兒子出去鍛鍊一下。

七、八天後，茂森平安地回來了。向我歡喜地講述在杭州、上海一帶的活動，以及與專家、學者們交流的情況。這是孩子第一次到杭州、上海。星期天，我設了豐富的午餐邀請所有親友們，都來聽取茂森傳達會議精神。茂森的筆記記得很認真、很詳細，傳達得也非常好。親友們，不僅包括與茂森同齡的孩子們，也包括他們的父母，大家都很愛聽。我在一旁觀察，我發現了孩子的氣質，很適合當一名教授，我當下就有一種願望：我要把這個孩子培養成教授，我要當教授的母親。

大學考試放榜了，茂森以優秀的成績考上了自己的第一志願——中山大學嶺南學院國際金融貿易系，這在當時是錄取線最高的科系。

以茂森在一流中學的優秀成績，學校建議他考北大、清華。而當時（1991年），我看到改革開放以後，引進國外先進的技術、設備和生產線，促進經濟發展，這是好事。可是一些青少年

不辨糟粕，學習外國人的生活方式，過分享受生活，追逐歌星偶像，跳舞、打牌、性開放等等。有些學生在中學時，還是很本分的學生，可是上了大學，遠離家門，受到誘惑就放逸墮落了。我最關心的是孩子品德的鞏固，讓孩子在我的視野能關注到的地方學習，所以我決定讓孩子報考了廣州中山大學，這是嶺南第一學府。

是不是孩子上了大學就完事了呢？不是的。茂森十八歲考上大學。十八歲雖說在法律上成年了，但不代表思想上的成熟，還是需要母親的呵護。

孔子教導我們「君子三戒」中說：「少之時，血氣未定，戒之在色。」茂森在大學時積極參加學生團體活動，擔任中山大學經濟學社的社長。他任社長期間，在校園裡成功地舉辦了「模擬股市」「模擬期貨交易所」活動，並受到《南方日報》、廣東電台新聞台等公司採訪。他主編的學校刊物《經濟縱橫》也受到校內外學生的好評。

因為茂森在大學裡很活躍，自然引起了一些女同學的注意。做母親的要體察入微。我曾兩三次無意中接到一位中大女同學的電話，找茂森。另外，我在一次活動中也見到這位女同學，她長得很漂亮，據說學習也很好，家庭情況也不錯，各方面條件都很優越，她主動熱情接近茂森，茂森對她很有好感。

假如這時，我做母親的對此事表示歡喜和支持，那麼兩個青年的關係就確定了。可是，我覺得人應當立志高遠，不能過早地羈絆在男女之情上。因此，我覺得要提醒茂森，他現在不適合談戀愛，應該專心完成學業，無論對方條件如何優越，我們的原則不能改變。我和兒子，做了兩次非常誠懇的談話，我說了三條意見：

第一，讀書期間，就是讀書，不談戀愛，這是學生的宗旨。完成道德、完成學業，是大道理，是至理，其他放在腳下！不能用父母的血汗錢做「風花雪月」之事。

第二，如果現在談戀愛，一定會分心，影響功課。你要把時間、精力用在學業上，讓成績優秀。

第三，讀聖賢書，要學以致用。《四書‧大學》篇裡的「格物致知」是指革除物欲而追求真理，不是紙上談兵啊。遇到考驗，要把理智放在感情之上，不為男女之情所纏縛，專心致志完成學業。

茂森一下醒悟了，接受了我的意見，把女同學的照片退還給她了。茂森擺脫了感情的纏縛以後，從此一心學習。所以他大學畢業時，能在全國各地報考中山大學世界經濟研究所的一百八十名考生中，名列第一，同時也考上美國大學的研究所，順利出國留學。

所以茂森在給我的節日賀卡中說：

感謝母親的幫助，我覺得，
母親，不僅是家庭教育的主角，
而且掌管著孩子成長階段的各個進程，
在幼年時代，
母親是孩子的救星和保護神；
在青年時代，
母親是總參謀、總監督；
在成熟時代，
母親是朋友，是尊長。
母親，永遠是孩子的老師。

古訓說：「作之君，作之親，作之師」。母親在家庭教育中，對孩子正是扮演這三種角色。母親是孩子的引領者（作之君），是孩子的至親（作之親），是孩子的老師（作之師）。母親把這三種角色做好，家庭教育才能成功。

茂森由於從小接受良好的家庭教育，後來到美國留學，能夠自立自強。他在美國讀書期間，生活嚴謹，給自己規定了「七不」，一不看電影電視，二不逛商場，三不留長頭髮，四不穿奇裝異服，五不亂花錢，六不亂交朋友，七不談戀愛。實踐《弟子規》「鬥鬧場，絕勿近，邪僻事，絕勿問」；做到了「非聖書，摒勿視」。

茂森在留學期間，堅持「朝起早，夜眠遲、老易至，惜此時」。因此當他1997年碩士畢業時，全部成績都是A，而榮獲學校五百美元的特別獎。茂森馬上給我寄了二百美元，讓我分享他的成果。

由於能守住《弟子規》的教誨，安住清淨的學習生活，茂森提前博士畢業了。他以四年的時間完成了碩士、博士的課程，一次就通過博士資格考試。在美國，金融博士資格考試，從早到晚，歷時八小時左右，這是一個人頭腦、心態、身體、學識綜合素質的全面考核。有的人會因為考試時間太長，身體不適應，頭昏腦脹，心情緊張；有的人會因為復習準備的不夠等等原因，不能一次通過博士資格考試。而茂森是幸運者，而幸運是來自平時的努力和累積。

◆（四）信

《弟子規》素質教育中講：「凡出言，信為先」。茂森在讀博士研究生時，發現學校金融系沒有提供研究生從事學術活動的經費，比如博士研究生如果跟隨導師去參加學術會議，所有的費

用包括會務費、住宿費、交通費等等全部由學生自己負責。茂森向學校提出申請，要求設立研究生的學術活動基金，並向校方表示，畢業後參加工作，將捐資幫助這個基金，會連續五年每年為這個專案提供一千美元的贊助，希望校方早日立項。

茂森博士畢業後，即順利地應聘於美國德州大學教書。第一次領薪資時，立即匯款給母校。當時母校商學院金融系主任安德森教授收到款項後，對茂森的這份愛心十分讚嘆，對中國學生這種履行諾言的作風，豎起了大拇指。這件事促進了母校對博士研究生的學術活動基金立項。使後來將畢業的同學，就享受到這種待遇了，茂森連續五年，每年為這個基金捐款一千美元。儒家講：「言必信，行必果」，兒子學習聖賢教育了，就在生活中力行落實。

孔子曰：「人而無信，不知其可也。」誠信的品質是人立身的基礎。但在現實經濟社會中，人們往往陷入唯利是圖、見利忘義的泥淖而不能自拔。這種思想的污染也會影響到孩子，如果父母發現孩子有這些念頭或行為，必須立即加以糾正。

茂森在讀小學三年級時，很愛集郵，我們家鄰居的孩子比茂森還小，也愛集郵，他們常常互換郵票。有一天，鄰居的母親帶著孩子找上門來告狀。原來茂森看到鄰居小孩的郵票很珍貴，就起了貪心，拿出自己的普通郵票欺騙他說這也是珍貴的郵票，跟他互換。結果茂森騙取了不少珍貴的郵票，被孩子的父母發現了，於是上門來討。

《弟子規》上說：「詐與妄，奚可焉」。孩子從小就有這種欺詐行為，如果不馬上制止，將來發展下去，長大之後，必會成為貪官污吏甚至是欺國欺民的罪人。我當時讓鄰居取回他們所有的郵票，然後很嚴厲地訓斥了茂森：「既然你用這種不道德的手段集郵，今後就停止集郵活動！」並且下令將所有的郵票燒掉。

茂森跪在地上淚流滿面地懺悔，表示永遠不再做這種欺詐行為。這件事情給茂森幼小的心裡留下了深刻印象，直到現在連我都淡忘了，他還記憶猶新，並且從此養成誠實守信的品德。

我感悟到：教育無小事，父母要留心孩子的日常言行舉動，嚴格地把持原則，令孩子明辨是非，在生活的點點滴滴中落實《弟子規》。

◆（五）愛眾

《弟子規》的素質教育中有句話說：「凡是人，皆須愛，天同覆，地同載」。茂森在美國留學期間，曾兩次義務去捐血。當時美國醫院很需要健康青年的鮮血，茂森歡喜地應徵，供養美國人民。

茂森打電話告訴我捐血的事，我很嘉許孩子的奉獻精神，母親要呵護孩子的一切善念善行。這樣做，是不是吃虧呢？不是，絕對不是！從自己的角度講，鼓勵孩子為他人奉獻的精神，那麼孩子的心量會開闊，素質會提高，道德精神會昇華。從他人的角度來說，能幫別人獲得真實利益。這是自利利他的高尚行為。

茂森工作以後，曾多次捐款幫助中國貧困地區的孩子讀書，捐印善書，賑災濟貧，時常利用業餘時間參加買物放生，給老人臨終關懷等活動。

我常常鼓勵茂森，助人為樂，以愛親之心去愛所有的人，便是汎愛眾。而真正的愛眾，是包括讓大眾覺悟，繼承中華民族道統，恢復倫理道德因果的教育，才能使家庭、社會呈現和諧。

因此，我鼓勵和贊成茂森重新選擇人生道路。具體地說，我贊同兒子把原來的副業調整成正業。捨金融教學而從事聖賢的教學。落實《弟子規》的「汎愛眾」，我們母子決心要提升到這個高度上。

《孝經》上說：「愛敬盡於事親，而德教加於百姓，刑於四海。」意思是說：以愛敬之心侍奉父母，而將道德教育推廣至天下萬民，同時為四海百姓做出孝道的典型。

能孝敬自己的父母，是小孝；能孝敬天下的父母，全心全意為人民服務，是大孝；能成就聖賢、普利眾生，使千秋萬代的人獲益無窮，是至孝。

我支持兒子走上大孝，奔向至孝！

推動中華傳統文化道德的教育，促進世界和諧，就是愛敬天下人。

◆（六）親仁

在《弟子規》的素質教育中說：「能親仁，無限好，德日進，過日少」。接近有道德、有學問的老師，是我們進行素質教育的一個極重要的方面。

茂森從小到大，可以說看到最多的形象就是老師。這對他以後走上教育事業有著潛移默化的影響。下面我舉幾個例子。

茂森讀大學時，中山大學嶺南學院院長王屏山先生（也曾經當過廣州華師附中校長），是一位教育家，我時常帶孩子到他家拜訪。王院長談起教育是興致勃勃，無有疲厭的。老院長的敬業精神和對教育事業的熱愛，對年輕的茂森來說是一種良好的薰陶。

茂森小學的班導師，中學老師、校長，大學的系主任、院長，只要我認為是優秀的，沒有不禮敬拜訪的，而且一定是帶著孩子去，有時還讓孩子報告一段自己的學習體會，使師生關係更親近。

我的眼光還移向校外，我在工作中和社會活動中認識到優秀的老師，也禮請到家中賜教。有一次，我參加一次報告會，主講

人是美國芝加哥大學社會學方面的一位教授，而擔任中文翻譯的是廣州外語學院的陳老師。這位年輕的陳老師，英文水準很高，他的翻譯快速、準確、文雅。我心中非常讚嘆！我想：我的兒子要是能得到這位老師的指導有多好。報告會後，我就走到陳老師面前，讚嘆他的出色翻譯，而且勇敢地表達了一個母親的心願：希望我的兒子英語學習能得到他的指導，我邀請他能抽空到我家來，給孩子們（包括一些親友的孩子）談一談如何學好英語。這位陳老師真是充滿愛心，他的心量和氣質不凡，我雖與他初次見面，他卻答應了我的請求，星期天，真的到了我家裡來與孩子們座談，指導英語學習，他完全是義務的。後來我聽說這位陳老師已經是廣東外語外貿大學的副校長了。

尋找優秀的老師，是不局限在學校內的，我的眼光也移向了社會教育。1992年，一位智慧的長者應邀到廣州講學，我們母子有機緣聽到這位老教授講課，接觸到了中華民族燦爛的文化和聖賢的教育。

以後幸運的是，我們常常能得到老教授講課的錄音帶、光碟。茂森到美國留學後，所在的大學與老教授在美國的達拉斯淨宗學會很近，我告訴孩子，要常去親近老師，多向老師學習。所以茂森在留學期間，常利用假日，去達拉斯老教授的住所。

這種清淨人心的陶冶，使茂森在學習上的意志更容易集中，因而成績的提高是事半而功倍；道德品質的水準也不斷上升；靈性提高了，智慧提高了，仁愛之心顯發了。

在美國留學期間，茂森聽老教授的一盒卡帶，他反覆聽了八十多次，甚至還把這盒卡帶譯成廣州話，重複講給爺爺奶奶聽。茂森在美國大學雖然每月領取獎學金，但是每週必須為教授工作二十小時。包括為導師蒐集資料、檢測、整理資料、統計、計算等等。茂森的導師是美國很有名氣的經濟學家，要求十分嚴

格。有些研究生受不了他的嚴厲，就中途離開了。他交代的工作，絕對要求按時完成。他說二十小時可以完成的工作，茂森私下裡要做四十小時，才能完成。茂森默默地承受，毫無意見，努力提高自己的適應能力，漸漸地，他可以三十小時完成，後來二十個小時就可以完成，最後十小時就可以完成了。茂森誠敬地接受教授的一切指導安排，兢兢業業地完成教授交給的一切工作，而且努力學習，成績優秀，生活儉樸，能吃苦耐勞，所以提前畢業，四年內完成了碩士、博士的全部學業。茂森的指導教授在茂森的求職推薦函裡這樣說道：「茂森是我二十五年教學生涯中最優秀的學生」。因此，在博士畢業時，茂森不是找工作，而是工作找茂森，他很順利地應聘到德州大學任教。茂森還被美國「誰是優秀者」雜誌（Who Is Who）評為當年全美優秀大學生。年輕人，能忍耐就能成功！這是因為兒子跟老師學習，接受了聖賢教育的結果。

1997年，二十四歲的茂森正在攻讀博士學位，恭聽了老師講解孝道的課程，發出孝養父母的九條孝願，並向老師和父母做了彙報。

能親仁，確實是無限好。茂森從小學習《孝經》，對孝的理解僅是孔子的「事親五致」（居則致其敬，養則致其樂，病則致其憂，喪則致其哀，祭則致其嚴）。親近智慧的長者之後，這個認識的層次更上一層樓了。

一個人能否有成就，有兩個很重要的因素。一是受到良好的家庭教育，二是遇到明師指點。孔子、孟子的成就都說明了這個問題。中華傳統文化的根基是孝道和師道。而《弟子規》所涵蓋的素質教育，也正是包括了這些。

鍾博士談：中華傳統文化價值觀

◆（七）學文

《弟子規》素質教育中，最後提到：「有餘力，則學文」。在以上六門（孝、悌、謹、信、愛眾、親仁）德行科目都做的很好的人，還需要透過學文來不斷提升自己的境界，以求趨向成聖成賢。所以力行和學文是相輔相成，同時並進的。

學文的內容包含廣泛，有聖賢經典、文化、歷史、哲學、宗教等等，不僅透過家庭教育來完成，還需要透過學校、社會等各種形式的教育來完成。

我們深刻體會到：家庭教育是根本，學校教育是家庭教育的延伸，社會教育是家庭教育的擴展，聖哲教育是家庭教育的昇華。

茂森從小學、中學、大學，到碩士、博士，整整讀了二十年書，到二十六歲博士畢業，在這漫長的成長過程中，家教的影響和母愛的關懷是永遠陪伴孩子的。

有許多家長也很愛孩子，把孩子送到「貴族學校」，認為大功告成了。其實遠不是這樣的。在孩子讀書的每一個階段，都需要家庭特別是母親的關注和配合。

我在1995年給兒子的生日賀卡中曾這樣寫道：

「茂森兒，我的祝福，將伴隨你走遍天涯海角；我的心願，將附麗於你清淨光明的一生！」

茂森在小學時，是在我們家附近的一所工廠職工小學讀書。他很淘氣，經常爬樹、打彈弓、踢足球，學習成績中等。我一下班，第一件事就是把孩子從外面找回來。我每週輔導孩子三個晚

上，包括語文、數學和英語，並教他傳統文化中的文章詩詞。這樣持續了六年，到考中學時，我們報的是廣州第一流的中學——華南師大附中。臨近考試，我把所有工作補休日集中在一起，休假三週，坐鎮家中，一日三餐保證供應，讓孩子的心也定下來。同時我認真學習小學課本，總結出重點。鑑於茂森的語文成績比數學成績差，我就根據小學課本的精神擬了十三條作文題，讓茂森寫，寫了我改，改了再抄，如此打基礎。

　　考試那兩天，因為家中有媽媽，所以孩子心裡很踏實，精神狀態良好。考完語文，茂森悄悄地對我說：「媽媽，考試那條作文題，就跟我做過的十三道作文題相似，我寫得很順利。」這次升初中考試的結果，茂森以廣州市黃埔區第一名成績進入一流中學華師附中。當時茂森所在的那所工廠小學的校長和老師們都非常高興，茂森為母校爭光了。小學時代，孩子學文，無論是教材的選擇，還是內容取捨多寡，應由父母參與指導。到了中學，就要開始培養孩子自己的學習能力了。

　　茂森在初三畢業（十五歲）的時候，放暑假時，我指著家裡的書櫃對他說：「假期裡，你把書櫃整理一下，選出幾本書看看。」茂森居然選擇一套《中國哲學史資料選輯》來閱讀，這是中國科學院哲學研究所編輯的，共五冊。書中對儒家學說的四書五經，以及老子的《道德經》等先秦諸子思想都有詳細介紹。茂森在暑假裡認真地閱讀學文，而且以後慢慢養成了讀書學文的習慣。

　　時隔十九年，茂森三十四歲，他應邀參加了2007年4月中國在西安召開的國際首屆道德經論壇會，會議的主題是「和諧世界，以道相通」。茂森在大會上宣讀的論文是《和諧之道，以孝貫通——〈道德經〉對現代社會的意義》，深受大會好評。他最後在文章中提出三點建議：

1、提倡由中央到地方政府，每年進行「孝子評選」活動，由
　媒體廣泛宣傳，以實現「教民親愛，莫善於孝」，「以孝
　治天下」。

2、提倡各家庭、各民族共同紀念先祖的活動，以實現「慎終
　追遠，民德歸厚」，並建議定清明節為國家法定假日。

3、提倡倫理道德的教學及建立傳統文化教育中心，大力弘揚
　以孝為中心的五倫十義，以落實古訓「建國君民，教學為
　先」。（五倫：父子、君臣、夫婦、兄弟、朋友。十義：
　父慈、子孝、兄良、弟悌、夫義、婦聽、長惠、幼順、君
　仁、臣忠。）

　　當時《西安晚報》（2007・4・24）特別報導了茂森的這三點
建議。

　　第二年（2008年），茂森正式講解《孝經》，題目是《古代
帝王和諧世界的法寶——孝經研習報告》，是四十小時的課程。
以後又略講了一次，是十八小時的課程。

　　茂森從小在家中學習孝的經典，現在長大了，登上世界的講
壇弘揚孝道，我這個做母親的人由衷高興。這是力行和學文的結
果。

四、總結與感悟

　　茂森迄今已經用國語和粵語講解了聖賢經典三十多種，例如儒家的《弟子規》、《朱子治家格言》、《孝經》、《了凡四訓》、《大學》、《論語》、《女論語》；茂森每天學習備課，並講演二至四個小時。雖然工作量很大，生活很單調，但作為母親，我高興地看到：兒子在這些聖賢的垂訓中做到「學而時習之，不亦說乎」。

　　回顧兒子三十多年的生活歷程，慶幸的是，茂森不是電視機帶大的孩子，更不是保母帶大的孩子，也不是爺爺奶奶帶大的孩子，而是母親帶大的孩子！是中國傳統文化帶大的孩子！

　　我以自己的切身經歷，告訴大家一個真實的心得體會：家庭教育至關重要！孩子是可以教好的！優秀是教出來的！

　　古人說：「母教為天下太平之源。」正是見理透徹！我們希望國家有棟樑之才，那必須從我做起，培養好兒女。

　　茂森是一個很普通的孩子，小的時候又土氣，又淘氣，會在地上和小朋友摔跤、打滾，被鎖在家裡時，甚至會隔著鐵門的空隙與小朋友玩撲克牌……是個頑童。

　　他五歲時，我在家中的房門板上用粉筆教他唐詩《遊子吟》（唐‧孟郊的詩）：「慈母手中線，遊子身上衣。臨行密密縫，意恐遲遲歸。誰言寸草心，報得三春暉」。這首短短的小詩，茂

森足足學了一個月才會背誦，而且一開始由廣東話改說普通話時，說得很糟糕。但是我很有耐心地教他。他的外祖母當時在旁邊感嘆地說：「這孩子是笨了一點。」可是我們持續學習，以後茂森的學習進度越來越快了。

茂森1999年在美國博士畢業時，給我的信中說：

「目睹我從小以來的照片難以置信，昔日一個淘氣的野頑童，竟成為今朝的博士。這其中充滿了母親多少嘔心瀝血的操勞！多少無微不至的關懷！多少循循善誘的教導！」

茂森說：

「我原本是一塊粗劣的碑石，您正是一位智慧的雕塑家。」

聖賢教育可以造就一個人。每個孩子，都好比是一座未開採的金礦，用什麼方法開採呢？用教育。用中華傳統文化五千年的智慧和方法去教育。

打開中國傳統童蒙教育課本，《三字經》開頭就說：「人之初，性本善。性相近，習相遠。苟不教，性乃遷。」這是教育的原理。

學習老祖宗的這段話，我們對自己、對孩子就真有信心了。原來我們每個人都有至善的本性，只是後天受了污染，習性就不同了。本性好比太陽，污染的習性好比烏雲，把太陽暫時遮住了。而教育的原理就是撥雲見日，恢復至善的本性。你就是聖賢！

所以孟夫子才會說：「人皆可以為堯舜。」《弟子規》最後也說：「勿自暴，勿自棄，聖與賢，可馴致。」這個「馴」字，

就是指接受聖賢的教育。

因此，一切人，經過長時間的教化、薰修，都可以變得優秀。教育的宗旨就是長善救失。所以教育不是淘汰人，不是遺棄人，而是幫助人，轉化人。怎麼轉化？教育使人轉惡為善，轉愚為智，轉凡為聖。

因此，施教者要「誨人不倦」，受教者要「學而不厭」。

我對教育的原理和宗旨有了這樣的感悟，所以才有信心說：「孩子是可以教好的！優秀是教出來的！而關鍵是從家庭教育開始。」

一個孩子，經過教育，他就會做出讓父母、讓老師、讓社會、讓大眾都滿意的事。

那麼，我想先請問一下，在座的朋友們，您的一生到現在為止，有沒有做過哪幾件事令您的父母滿意和開心呢？

我想對茂森三十多年所受的教育做一個回顧和小結：

茂森迄今曾做過十件事，令我很滿意和開心，在此願與大家分享：

1、小學四年級時，能主動獨立做好一桌飯菜，讓父母下班享用。

2、能以健康的身體、品學兼優的成績完成小學、中學、大學、碩士、博士全部學業，在二十六歲時，讓母親成為博士媽媽。

3、在整個讀書過程，特別是赴美留學期間，能遵照母親的要求，不談戀愛，不結婚，專心致志求學。

4、以刻苦的求學精神，和儉樸的留學生活，用四年時間完成碩士、博士全部課程而贏得美國著名教授的稱讚：「茂森是我二十五年教學生涯中最優秀的學生」，為中國人爭

光！

5、在留學期間，能以勤工儉學的收入與節省使用獎學金的錢，每月孝敬父母，工作以後以薪資每月供養父母及鄉下的爺爺奶奶。

6、「兒不嫌母醜」，善於讚嘆和感恩母親，寫下許許多多的信件、賀卡、詩詞，讓母親開心，讓親友們感動。

7、以優秀的教學成績和多次獲獎的論文，而成為年輕的教授，兒子實現了我要當教授母親的願望。

8、為外祖母送終守夜。為鍾氏家族修祖墳，為爺爺奶奶在廣州市內買房子，使二老頤養天年。敬老悅老，令母親開心。

9、在大學任教的業餘時間，注意修養品德，弘揚聖賢教育，在世界各地演講《明道德、知榮辱》（八榮八恥的學習體會）、《幸福成功的根基》、《青年人應有的美德》等專題報告，把孝心、愛心奉獻給社會。

10、立志為往聖繼絕學，為天下開太平，為和諧世界做更積極的貢獻，而辭職拜師，全身心投入學習和弘揚聖賢教育的工作。

今天，非常感謝大家給我這樣好的一個機會，一個總結和提升自我的機會，和一個向大家請教的機會。

回憶我們母子三十多年的生活路程，是接受傳統文化教育的路程，是共同覺悟、共同提升自我的路程，是愛的教育、愛的奉獻的路程。我們將繼續努力學習，從「母子有親」這一個愛的原點，昇華和擴展，到和諧社會，到造福大眾，到美好的未來……

我願意把兒子獻給人民，茂森不屬於我，不屬於鍾氏家族，他屬於中國，屬於世界！

最後，請允許我，把三十年教子的心得濃縮為三句話，獻給大家：

第一句：和諧社會，女德母教至關重要，願我們以智慧的母愛，為中華民族培養優秀的後代！

第二句：教子之道，德為重要，讓我們從孝道開始，從《弟子規》做起！

第三句：願天下父母，都積極為和諧世界培養更多的大孝、至孝的兒女！

謝謝大家！

趙良玉　鞠躬

附錄一、

【趙良玉女士簡介】

趙良玉女士，按照中華傳統經典的教育方式，她把唯一的兒子鍾茂森培養成為留美金融學博士、澳洲昆士蘭大學終生教授。隨著他們母子學習中華傳統文化的深入，精神層次不斷提高，趙女士不滿足於當金融教授的母親，她願學習孟母，讓兒子成聖成賢。因為基於一份社會責任，母子共同感覺到當今社會不是缺乏金融經濟人才，而是急缺弘揚傳統文化、弘揚倫理道德的師資人才。

當今之世，確實需要有一批有志青年，來學習和弘揚聖賢之教，他們要修身立德，「學為人師，行為世範」，然後將聖賢的教育弘揚四海，發揚光大。因此趙良玉女士支持兒子改金融教學而為學習和弘揚傳統文化教學工作。

這位對家庭教育有獨到的見解，終生奉行傳統教育的優秀母親，從胎教到兒子成為現代學子的模範、社會的精英，三十多年，她不知道付出了多少心血，兒子是她最完美的事業，為了國家、民族、乃至整個社會的安定和諧，她毅然決然把自己一生的傑作，也是中華傳統母教下的碩果——鍾茂森博士奉獻給中華文化教育和社會大眾。

她對兒子的勉勵是：能孝敬自己的父母，是小孝；能孝敬天下的父母，全心全意為人民服務，是大孝；能成就聖賢、普利眾生，使千秋萬代的人獲益無窮，是至孝。我支持兒子走上大孝，奔向至孝！

趙良玉女士如是說：「回憶我們母子三十多年的生活路程，

是接受傳統文化教育的路程，是共同覺悟、共同提高的路程，是愛的教育、愛的奉獻的路程。我們母子連心，有共同的語言、共同的覺悟、共同的理想。」

因為成功的教子經驗，趙良玉女士已經成為資深傳統文化講師，應多家電視台、政府相關公司、社會團體的邀請錄製節目、演講，應幾家出版社之請，她和鍾茂森博士的母子對話錄——《母慈子孝》已經出版發行，深受社會廣大群眾的喜愛。

附錄二、

【演講精華錄】

1、把一個孩子培養成為品德端正，對社會有一定貢獻的青年，絕不是一個母親、一個家庭所能完成的，深深感恩國家的栽培！感恩所有為此付出的人！

2、家庭教育是根本，學校教育是家庭教育的延伸，社會教育是家庭教育的擴展，聖哲教育是家庭教育的昇華。

3、回憶我們母子三十多年的生活路程，是接受傳統文化教育的路程，是共同覺悟、共同提高的路程，是愛的教育、愛的奉獻的路程。我們母子連心，有共同的語言、共同的覺悟、共同的理想。

4、母親是孩子人生的引領者（作之君），是孩子的至親（作之親），是孩子的老師（作之師）。母親把這三種角色做好，家庭教育才能成功。

5、教育無小事，父母要留心孩子的日常言行舉動，嚴格地把持原則，令孩子明辨是非，在生活的點點滴滴中落實《弟子規》。

6、孩子學做家務，一來鍛鍊能力，雙手更靈活，頭腦更聰明；二來習勞知感恩，培養體貼親人，樂於為別人服務的奉獻精神。

7、做母親的不僅愛子，還要會教子。一個母親把孩子教好，不僅是你一家人的事，更是對社會的負責，對人民的貢獻。

8、素質是一個人道德水準、文化修養、身心狀況、生活經驗、辦事能力的綜合品質。

9、教育的宗旨就是長善救失；我很嘉許孩子的奉獻精神，母親要呵護孩子的一切善念善行。

10、人應當立志高遠，不能過早地羈絆在男女之情上；年輕人，能忍耐就能成功！

11、一個孩子心中裝著父母，裝著祖先，裝著孝，裝著愛，裝著中華民族精神，學習哪有不努力的？成績哪有上不去的？

12、教孩子行孝，要靠中華傳統文化經典的教化力量，然而，父母的以身作則，也是最具權威的教育，是無聲的命令，使孩子不令而從。

13、我們學習中華傳統文化，讚嘆仰慕孔子孟子。難道我們永遠停留在仰慕和讚嘆嗎？難道我們就不想自己成為孔子和孟子這樣的聖賢人物嗎？

14、我們做母親的不僅要立志為家庭培養好後代，為國家人民培養技術人才，還要學習孟母，為人類培養聖賢的種子，幫助孩子成聖成賢！

15、我不僅希望他成為一名出色的金融教授,而且希望兒子成為一名具有中華傳統美德——孝、悌、忠、信、禮、義、廉、恥的君子教授!甚至成為一名聖賢教授!

16、確實需要有一批有志青年,來學習和弘揚聖賢之教,他們要修身立德,「學為人師,行為世範」,然後將聖賢的教育弘揚四海,發揚光大。

17、我熱情支持兒子,將對父母的孝心擴展為對社會大眾的愛心,為和諧社會添磚加瓦。

18、勉勵兒子的三句話:能孝敬自己的父母,是小孝;能孝敬天下的父母,全心全意為人民服務,是大孝;能成就聖賢、普利眾生,使千秋萬代的人獲益無窮,是至孝。我支持兒子走上大孝,奔向至孝!

19、殷殷告誡天下父母三句話:

第一句:和諧社會,女德母教至關重要,願我們以智慧的母愛,為中華民族培養優秀的後代!

第二句:教子之道,德為重要,讓我們從孝道開始,從《弟子規》做起!

第三句:願天下父母,都積極為和諧世界培養更多的大孝、至孝的兒女!

附錄三、

【成功者格言錄】

每一個成功者都有一個開始，勇於開始才能找到成功的路。

◆ 世界會向那些有目標和遠見的人讓路。

◆ 造物之前，必先造人。

◆ 與其臨淵羨魚，不如退而結網。

◆ 若不給自己設限，則人生中就沒有限制你發揮的藩籬。

◆ 賺錢之道很多，但找不到賺錢之法，便成就不了大事業。

◆ 蟻穴雖小，潰之千里。

◆ 最有效的資本是我們的信譽，它二十四小時不停地為我們
　工作。

◆ 絆腳石乃是進身之階。

◆ 你的臉是為了呈現上帝賜給人類最貴重的禮物——微笑，
　一定要成為你工作最偉大的資產。

◆ 以誠感人者，人亦誠而應。

◆ 世上並沒有用來鼓勵工作努力的賞賜，所有的賞賜都只是
　被用來獎勵工作成果的。

◆ 出門走好路，出口說好話，出手做好事。

◆ 旁觀者的姓名永遠爬不到比賽的計分板上。

◆ 即使爬到最高的山上，一次也只能腳踏實地地邁一步。

◆ 積極思考造成積極人生，消極思考造成消極人生。

◆ 人之所以有一張嘴，而有兩隻耳朵，原因是聽的要比說的
　多一倍。

◆ 別想一下造出大海，必須先由小河川開始。

◆ 當你感到悲哀痛苦時，最好是去學些什麼東西。學習會使你永遠立於不敗之地。

◆ 偉人所達到並保持著高處，並不是一蹴可及的，而是他們在同伴們都睡著的時候，一步步艱辛地向上攀爬的。

◆ 世界上那些最容易的事情中，拖延時間最不費力。

◆ 世界上沒有絕望的處境，只有對處境絕望的人。

◆ 迴避現實的人，未來將更不理想。

◆ 先知三日，富貴十年。

◆ 怠惰是貧窮的製造廠。

◆ 不為失敗找理由，要為成功找方法。

◆ 如果我們想要更多的玫瑰花，就必須種植更多的玫瑰樹。

◆ 偉人之所以偉大，是因為他與別人共處逆境時，別人失去了信心，他卻下決心實現自己的目標。

◆ 堅韌是成功的一大要素，只要在門上敲得夠久、夠大聲，終會把人喚醒的。

◆ 一個有信念者所開發的力量，大於九十九個只有興趣者。

◆ 環境不會改變，解決之道在於改變自己。

◆ 每一次發奮努力的背後，必有加倍的賞賜。

◆ 如果你希望成功，以恆心為良友，以經驗為參謀，以小心為兄弟，以希望為哨兵。

◆ 大多數人想要改造這個世界，但卻罕有人想要改造自己。

◆ 未曾失敗的人恐怕也未曾成功過。

◆ 人生偉業的建立，不在能知，乃在能行。

◆ 人之所以能，是相信能。

◆ 沒有口水與汗水，就沒有成功的淚水。

◆ 挫折其實就是邁向成功所應繳的學費。

◆ 任何的限制，都是從自己的內心開始的。

附錄三

◆ 忘掉失敗，不過要牢記失敗中的教訓。

◆ 不是境況造就人，而是人造就境況。

◆ 只要路是對的，就不怕路遠。

◆ 一滴蜂蜜比一侖膽汁能夠捕到更多的蒼蠅。
真心地對別人產生點興趣，是推銷員最重要的品格。

◆ 一個能從別人的觀念來看事情，能瞭解別人別人心靈活動的人，永遠不必為自己的前途擔心。

◆ 人得先從自己的內心開始奮鬥，才能擁有價值。

◆ 生命對某些人來說是美麗的，這些人的一生都為某個目標而奮鬥。

◆ 推銷產品要針對顧客的內心，不要針對顧客的外表。

◆ 沒有人富有的可以不要別人的幫助，也沒有人窮的不能在某方面給他人的幫助。

◆ 如果寒暄只是打個招呼就了事的話，那與猴子的呼叫聲有什麼不同呢？事實上，正確的寒暄必須在短短一句話中明顯地表露出你對他的關懷。

◆ 昨晚多幾分鐘的準備，今天就少幾小時的麻煩。

◆ 學會拿望遠鏡看別人，拿放大鏡看自己。

◆ 事實上，成功僅代表了你工作的百分之一，成功是百分之九十九失敗的結果。

◆ 不要等待機會，而要創造機會。

◆ 成功的法則極為簡單，但簡單並不代表容易。

◆ 凡真心嘗試助人者，沒有不幫到自己的。

◆ 積極者相信只有推動自己才能推動世界，只要推動自己就能推動世界。

◆ 每一日你所付出的代價都比前一日高，因為你的生命又消短了一天，所以每一日你都要更積極。今天太寶貴，不應

該為酸苦的憂鬱和苦澀的毀恨所銷蝕，抬起下巴，抓住今天，它將不再回來。

◆ 一個人最大的破產是絕望，最大的資產是希望。

◆ 行動是成功的階梯，行動越多，登得越高。

◆ 環境永遠不會十全十美，消極的人受環境控制，積極的人卻控制環境。

◆ 做對的事情比把事情做對重要。

◆ 「人」的結構就是相互支撐，「眾」人的事業需要每個人的參與。

◆ 競爭頗似打網球，與球藝勝過你的對手比賽，可以提高你的水準。

◆ 只要不斷找尋機會的人才會及時把握機會。

◆ 你可以選擇這樣的「三心二意」：信心、恆心、決心；創意、樂意。

◆ 無論才能之事多麼卓著，如果缺乏熱情，則無異紙上畫餅充饑，無補於事。

◆ 使用雙手的是勞工，使用雙和頭腦的是舵手，使用雙手、頭腦與心靈的是藝術家，只有合作雙手、頭腦、心靈再加上雙腳的才是推銷員。

◆ 磁鐵吸引四周的鐵粉，熱情也能吸引周圍的人，改變周圍的情況。

◆ 網路事業創造了富裕，又延續了平等。

◆ 沒有天生的信心，只有不斷培養的信心。

◆ 顧客後還有顧客，服務的開始才是銷售的開始。

◆ 忍別人所不能忍的痛，吃別人所不能吃的苦，是為了收穫得不到的收穫。

◆ 未遭拒絕的成功絕不會長久。

附錄三

◆ 外在壓力增加時，就應增強內在的動力。

◆ 股票有漲有落，然而打著信心標誌的股票將使你永漲無落。

◆ 如果要挖井，就要挖到水出為止。

◆ 成功絕不喜歡會見懶惰的人，而是喚醒懶惰的人。

◆ 做的技藝來自做的過程。

◆ 成功的信念在人腦中的作用就如鬧鐘，會再你需要時將你喚醒。

◆ 知識給人重量，成就給人光彩，大多數人只是看到了光彩，而不去稱重量。

◆ 做事最重要的就是不要去看遠方模糊的，而要做手邊清楚的事。

◆ 為明天做準備的最好方法就是集中你所有的智慧和熱忱，把今天的工作做得盡善盡美，這就是你能應付未來的唯一方法。

◆ 失去金錢的人損失甚少，失去健康得的人損失極多，失去勇氣的人損失一切。

◆ 在真實的生命裡，每件偉業都由信心開始，並由信心跨出第一步。

◆ 要冒險！整個生命就是一場冒險，走得最遠的常是願意去做、願意去冒險的人。

◆ 「穩妥」之船從未能從岸邊走離開。

◆ 一個人除非自己有信心，否則無法帶給別人信心。

◆ 障礙與失敗，是通往成功最穩靠的踏腳石，肯研究、利用它們，便能從失敗中培養出成功。

◆ 讓我們將事前的憂慮，換為事前的思考和計畫吧！

◆ 好的想法不值錢，真正無價的是能夠實現這些想法的人。

◆ 智者一切求自己，愚者一切求他人。

◆ 金錢損失了還能挽回，一旦失去了信譽就很難挽回。

◆ 任何業績的質變都來自於量變的累積。

◆ 平凡的腳步也可以走完偉大的行程。

◆ 誠心誠意，「誠」字的另一半就是成功。

◆ 領導的速度決定團隊的效率。

◆ 成功呈機率分布，關鍵是你能不能堅持到成功開始呈現的那一刻。

◆ 成功與不成功之間有時距離很短……只要後者再向前幾步。

◆ 空想會想出很多絕妙的主意，但卻辦不成任何事情。

◆ 高峰只對攀登它而不是仰望它的人來說才有真正的意義。

◆ 貧窮是不需要計畫的，致富才需一個周密的計畫，並去實踐它。

◆ 沒有一種不經由輕視、忍受和奮鬥就可以征服的命運。

◆ 當一個小小的心念變成行為時，便能成了習慣，從而形成性格，而性格就決定你一生的成敗。

◆ 自己打敗自己的遠遠多於被別人打敗的。

◆ 如果我們做與不做都會有人笑，如果做不好與做得好還會有人笑，那麼我們索性就做得更好，來給人笑吧！

◆ 這個世界並不是掌握在那些嘲笑者的手中，而恰恰掌握在能夠經受得住嘲笑與批評而不斷往前走的人手中。

◆ 成功需要成本，時間也是一種成本，對時間的珍惜就是對成本的節約。

◆ 行動是治癒恐懼的良藥，而猶豫、拖延將不斷滋養恐懼。

◆ 投資知識是明智的，投資網路中的知識就更加明智。

◆ 銷售是從被別人拒絕開始的。

鍾博士談：中華傳統文化價值觀/鍾茂森、趙良
玉作 -- 初版 . -- 新北市：華志文化，2015.02
　　面；　公分 . --（中華文化大講堂；04）

　　ISBN 978-986-5636-08-1（平裝）

　　1.中國文化

541.262　　　　　　　　　　　　　　103027045

日華志文化事業有限公司

系列／中華文化大講堂 0 0 4

書名／鍾博士談：中華傳統文化價值觀

作　　　者　鍾茂森、趙良玉

執 行 編 輯　林雅婷

美 術 編 輯　簡郁庭

封 面 設 計　王志強

文 字 校 對　陳麗鳳

企 劃 執 行　康敏才

總 編 輯　黃志中

社　　　長　楊凱翔

出 版 者　華志文化事業有限公司

電 子 信 箱　huachihbook@yahoo.com.tw

地　　　址　116台北市文山區興隆路四段九十六巷三弄六號四樓

電　　　話　02-22341779

印製排版　辰皓國際出版製作有限公司

總 經 銷 商　旭昇圖書有限公司

地　　　址　235新北市中和區中山路二段三五二號二樓

電　　　話　02-22451480

傳　　　真　02-22451479

郵 政 劃 撥　戶名：旭昇圖書有限公司（帳號：12935041）

出 版 日 期　西元二〇一五年二月初版第一刷

售　　　價　一七九元

華志文化

華志文化

華志文化